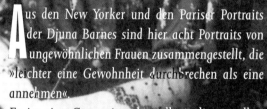

Aus den New Yorker und den Pariser Portraits der Djuna Barnes sind hier acht Portraits von ungewöhnlichen Frauen zusammengestellt, die »leichter eine Gewohnheit durchbrechen als eine annehmen«.

Es ist eine Generation der selbständigen, selbstbewußten und unabhängigen Frauen, die in den ersten Jahrzehnten unseres Jahrhunderts auftritt und zu der die große amerikanische Schriftstellerin selbst gehörte.

Das macht die Spannung dieser Interviews aus, die nicht bloße Interviews sind, sondern aufregende Zwiegespräche zwischen Emanzipierten.

**SOLANGE ES FRAUEN GIBT, WIE SOLLTE DA ETWAS**

# DJUNA BARNES

# VOR DIE HUNDE GEHEN?

Siebzig geschulte
Frauenrechtlerinnen
auf die Stadt losgelassen    7

Ich könnte niemals einsam sein,
ohne Ehemann,
sagt Lillian Russell    13

Ich bin einfach Mary Jones
aus den USA    21

Die Geständnisse
der Helen Westley    33

47 Yvette Guilbert

59 Die Modelle erobern die Stadt
oder:
Kiki vom Montparnasse

69 Alla Nazimova,
eine der größten Schauspielerinnen,
spricht über ihre Kunst

81 Nach Mitternacht amüsiert
Coco Chanel
überhaupt nichts mehr

Aus dem Amerikanischen von Karin Kersten

◄ Das Vorsatz vorn zeigt Kiki vom Montparnasse,
das hintere Coco Chanel mit Fulco di Verdura, 1937,
die erste Seite Djuna Barnes, New York, 1909,
die danach folgende Doppelseite zeigt
Yvette Guilbert (links) in »Faust«, 1926

**FRAUENRECHTLERINNEN**

◀ Carrie Chapmann Catt auf dem Frauenkongreß
in Genf, 1920

● Als Präsidentin der National American Women Suffrage Association war Carrie Chapman Catt die bekannteste amerikanische Vorkämpferin des Frauenwahlrechts. Die gewaltsamen Taktiken, wie sie die militanten Frauenwahlrechtlerinnen unter der Führung der Pankhursts in Großbritannien anwandten, mißbilligte Carrie Chapman Catt und trat statt dessen nachdrücklich für die Arbeit innerhalb des Systems ein. Sie reiste im eigenen Land und im Ausland umher, um zu den in der Frauenwahlrechtsfrage engagierten Gruppen zu sprechen. Als sie ein zweiwöchiges Schulungsprogramm ankündigte, das den Wahlen von 1915 galt, bei denen eine Abstimmung über die Wahlrechtsfrage anstand, trugen sich 150 Frauen aus 17 Staaten in der Schule in der Madison Avenue 180 ein.

Nachdem die Verabschiedung des Zusatzartikels 19 den amerikanischen Frauen das Wahlrecht gebracht hatte, organisierte Carrie Chapman Catt die League of Women Voters. Den britischen Frauen war zwei Jahre früher grundsätzlich das Wahlrecht gewährt worden, doch war dieser Fortschritt mit schweren persönlichen Opfern auf seiten der Frauen erkauft worden, und erst 1928 erhielten sie ein gleichwertiges Wahlrecht. Carrie Chapman Catt arbeitete später für die Friedensbewegung und starb im Jahre 1947.

# FRAUENRECHTLERINNEN

Und jetzt kommt die Frauenwahlrechtsschule. Auf wieviel Wegen hat man uns nicht Bildung und Ausbildung angedeihen lassen! In Grundschule, Oberschule, Handelsschule, Polytechnikum und College. Was haben wir nicht über Büchern und Landkarten gebrütet! Wir haben das Tageslicht durchgebracht und das mitternächtliche elektrische Licht verfeuert durch Jahre des Rackerns, in der Hoffnung, tüchtige Bürger zu werden.

Dann trat ein berühmter Professor auf den Plan, der erklärte, Bücher, klafterweise genossen, seien der menschlichen Bildung zuträglicher als sämtliche Colleges der Schöpfung. Wir dachten damals, das sei (im Hinblick auf die Bildung) der Weisheit letzter Schluß. Hier eröffnete sich die Chance, in ca. einem Jahr ein Salomon zu werden.

Und nun wird selbst dieser Rekord gebrochen, denn da tritt doch eine Frauenwahlrechtlerin auf den Plan, die eine Frauenwahlrechtsschule eröffnet und in zwei Wochen zur Präsidentschaft zu führen verspricht.

Man kann sehr optimistisch und dennoch nicht erpicht darauf sein, im Alter von – seien wir gnädig, sagen wir – dreißig wieder zur Schule zu gehen, und deshalb versuchte die Reporterin, die diesen Frauenwahlrechtskurs betreffenden Informationen telefonisch zu erhalten. Um die Wahrheit zu sagen, die Reporterin war nicht frei von der Befürchtung, daß der Präsidentinnenstuhl einer aufgenötigt werden könnte, die gerade nicht vorbereitet war.

Eine Stimme aus der East Thirty-seventh Street: »Hallo?«
»Hallo«, bibberte die Reporterin.
»Hallo!«
»Hallo!«
»Hallo!«
»Sie sind eindeutig im Vorteil«, sagte die Reporterin ermattet und hängte auf.

Es mußte im Nahkampf vollbracht werden!

Unter siebzig oder achtzig Studentinnen müssen doch unweigerlich ein paar hochsinnige Lebenskonzepte anzu-

## FRAUENRECHTLERINNEN

treffen sein. Tatsächlich sind die Schwellen vor manchem Sinn so hoch, daß einer das Hürdenlaufen erlernen muß, um in die dazugehörigen Gedankenstuben zu gelangen.

Hochsinnigkeit ist auch vonnöten, wenn eine binnen zweier kurzer Wochen das Geschick des Landes in die Hände gelegt bekommt, wenn eine binnen zweier kurzer Wochen das Wahlrecht von A bis Z erlernt – seinen Aufstieg und was die Frauenwahlrechtlerinnen seinen Fall nennen (der '53 eintrat, als zum erstenmal eine Frau am Wählen gehindert wurde); wenn eine tauglich sein soll, binnen zwei Wochen die Regierung und die Kontrolle über den Gang der Geschichte zu übernehmen – allerdings ist zu bedenken, daß Katastrophen sich grundsätzlich in einem geringen Zeitraum ereignen. Feuer überwältigte Rom, Pompeji wurde binnen einer Stunde schwarzer Krepp an der Türklinke der Zukunft, und in welch jämmerlich kurzer Zeit versank die ›Titanic‹ nicht in der Meerestiefe.

Mrs. Carrie Chapman Catt, Instrukteurin in Sachen Frauenwahlrecht, hat edles Vertrauen in den Individualismus. Sie behauptet, um sein Publikum zu finden, müsse man sich zuerst selbst finden. »Organisieren Sie sich selbst, und auch das Land wird sich organisieren.« Während sie sprach, bekamen um die 70 Studentinnen das ›Studentinnengesicht‹, als sie sich über ihre Notizbücher beugten, von denen die sengende Wahrheit der Zukunftsgläubigkeit emporloderte.

»Wie sollen wir die Menge denn gewinnen?« wollte eine zaghafte Studentin wissen, die dreißig Jahre lang einen verstockten Gatten umgeben hatte.

»Das ist zwar die leichteste Frage von der Welt«, sagte die Vortragende, »doch läßt sie sich nur schwer beantworten. Eins kann man jedoch sagen: Tragen Sie niemals ein Kleid, aus dem vorn die Füße herausschauen. Lassen Sie niemals zu, daß die Zuhörer den Eindruck zweier deutlich sich abhebender pedaler Extremitäten mitnehmen.

Zweitens, nehmen Sie niemals eine kämpferische Pose ein; kommen Sie Ihrem Publikum nicht mit einer geballten

Faust, die als Teigwalker Dienst getan hat. Den Geist mögen sich die Leute ja vielleicht gern durchwalken lassen, nicht aber ihre Anatomie.

Drittens, tragen Sie nichts Getüpfeltes. Ja, ich spreche von Pünktchen, denn wenn sie den Zuhörern ›blümerant‹ vorkommen, kann man gewiß sein, daß sie torkelnd in der Straßenmitte nach Hause gehen. Man kann sich an einem schwindelerregenden Kleiderstoff genauso berauschen wie über einer Pinte Twelve Star.

Viertens, tragen Sie weder Hut noch Handschuhe. Der Hut überschattet Ihr Gesicht, und die Handschuhe verhüllen Ihre Seele.«

»Doch was«, forschte eine andere besorgt, »was soll man dem Publikum denn überhaupt noch sagen? Über das Frauenwahlrecht ist doch bereits alles gesagt worden.«

»Von wegen«, erklärten Mrs. Catt und Miss Hay wie aus einem Munde. »Um das zu demonstrieren, kommen Sie doch einmal hier herüber, stellen Sie sich auf dies Podium und richten Sie sich, nun, sagen wir, an eine Zuhörerschaft aus der Fabrikwelt. Treten Sie vor!«

Zitternd und weiß im Gesicht trat das unglückliche Opfer aufs Podium. Niemals war Terra firma weniger firm gewesen, niemals hatten Sterne und Streifen solch breiten Raum in ihrem Kopf eingenommen. Niemals waren die Ideen zu solch geisterhafter Schlichtheit verblichen.

»Wir wollen das Stimmrecht ... weil wir nicht länger die haltsuchende Rebe sein wollen. Denn je fester die Rebe sich anklammert, desto toter ist die Eiche. Das Beste, was man tun kann, ist also, sein Gärtlein zu bestellen ... Oh, mein Gott, wenn ich aufwachte und wäre tot, mir könnte nicht grauenhafter zumute sein als jetzt ... Herrje ...« Eine flinke Hand fährt zur Brust, und eine Herrscherin in spe huscht auf ihren Platz zurück.

»Sehr gut«, sagte Mrs. Catt beifällig, »doch, Studentinnen, wie würden Sie denn ihre Vortragsweise bewerten?«

»Einfach reizend«, sagten die Studentinnen.

## FRAUENRECHTLERINNEN

»Das ist nicht die angemessene Antwort. Die Stimme richtete sich zu sehr ins Leere, sprechen Sie laut und deutlich, und Sie gewinnen das Vertrauen der Zuhörer.«

Diese Frauenwahlrechtsschule hat jedoch nicht nur die Frage, wie man die Menge für sich einnimmt, auf dem Programm, sie hat auch ein paar Grundregeln für den Fall parat, daß die Menge bereits eingenommen worden ist. Das A und O des Frauenwahlrechtskatechismus ist folgendes:

Halte niemals eine Versammlung ab, und sei sie noch so klein, ohne eine Sammlung durchzuführen!

Dies wurde beherzigt, als die zaghaften Studentinnen sich in sämtlichen Parks von Brooklyn den ›Probereden‹ unterzogen; und wenn an manchen Stellen die vorgesehenen Sprecherinnen auch ausblieben, so kam dann doch ein Geistlicher aus dem Viertel, um das enttäuschte Publikum zu entschädigen, das niemanden zum Belächeln hatte.

Die Frauenwahlrechtlerinnen wollten es in der kurzen Zeit, die sie auf Schulung aus waren, ganz genau wissen. Da war erstens die tägliche Morgensitzung. Am Nachmittag fand Stimmschulung statt, und am Abend gab es Vorträge im McAlpin Hotel.

Mrs. Catt behauptet zwar, Männer seien bei diesen Vorträgen willkommen und würden auch zur Schule zugelassen. Doch schienen die Männer nicht dieser Ansicht zu sein. Jedenfalls legten sie eine bemerkenswerte Zurückhaltung an den Tag, denn während der ganzen zwei Wochen tauchte nur ein Mann am Horizont auf.

Auf die Frage, ob die Schule ihren Erwartungen entsprochen habe, schwieg Mrs. Catt eine Weile. Sie nahm das Silberhämmerchen in die Hand, mittels dessen sie goldenes Schweigen proklamiert hatte. Schließlich sagte sie zögernd: »Wir wissen nicht, was wir erwarten.«

Was also soll das Publikum erwarten? Man bedenke bitte, um die siebzig volltaugliche, beinhart geschulte Frauenrechtlerinnen sind auf die Stadt losgelassen!

*BROOKLYN DAILY EAGLE*, 28. SEPTEMBER 1913

## LILLIAN RUSSELL

◀ Lillian Russell. Zeichnung von Djuna Barnes

● Lillian Russell (1861–1922), mit bürgerlichem Namen Helen Louise Leonard, war mehr als zwanzig Jahre lang das Ideal der amerikanischen Frau und das Sexsymbol des Amerikaners. Von ihrer Erscheinung her der Inbegriff der ›amerikanischen Schönheit‹, lebhaft, von blühender Gesundheit und gutmütig zugleich, machte sie Karriere beim Theater, beim Film und in der Operette. Sie verkörperte den ›sauberen‹ Vamp.

Am 22. 11. 1880 debütierte sie in der Starrolle an Tony Pastors Varietétheater, wo sie als Balladensängerin groß angekündigt war. In den darauffolgenden Jahren spielte sie u. a. in Travestien von Tony Pastor und in Musicals von Gilbert und Sullivan. Von 1883 bis 1885 trat sie drei Jahre lang in verschiedenen Revuen und Shows in England auf, doch für ein Gagenangebot von 20 000 Dollar war sie bereit, sich an das Casino von New York (zurück) engagieren zu lassen. Dort hatte sie mit The Princess Nicotine und An American Beauty ihre größten Erfolge. Seit 1899 war sie die Hauptattraktion der Weber and Field Music Hall. Während dieser ›Gay Nineties‹ entstand dann auch Lillian Russells enge, platonische Freundschaft mit dem Bonvivant und Partylöwen Diamond Jim Brady, als dessen Dinnerbegleitung man sie häufig sah.

Lillian Russell war 53 Jahre alt, als Djuna Barnes sie 1914 interviewte, und ihre große Zeit lag bereits hinter ihr. Ihre Stimme hatte merklich an ›Glanz‹ eingebüßt, während die Kritiker weiterhin ihre Schönheit und Anmut priesen. 1915 spielte sie an der Seite von Lionel Barrymore die Hauptrolle in Wildfire, ihrem einzigen Spielfilm, der von Kritikern und Publikum gleichermaßen mit gemischten Reaktionen aufgenommen wurde. In den letzten Jahren vor ihrem Tode widmete sie sich vorwiegend politischen Aktivitäten; u. a. erhielt sie von Präsident Warren Harding den Auftrag, bei der Untersuchung von Immigrationsproblemen behilflich zu sein.

# LILLIAN RUSSELL

Lillian Russell tritt auf.

Sechs üppig gerüschte Volants umfangen ihre Knie, weiße königliche Spitze hebt die Herrlichkeit ihrer Kehle hervor, der Duft orientalischer Essenzen liegt schwer auf allen Dingen. Groteske Potentaten kauern am Boden und grinsen über ihren gefangenen Rosenblättern und Myrrhezweigen. Der Schweif eines Sonnengottes pendelt unermüdlich in der Ecke, in der lange, seidene, vom Staub düster gewordene Draperien das Broadway-Licht ausschließen.

Ich konnte sie gerade noch erkennen in dem dämmrigen Raum, dort drüben in der Ecke, auf einem breiten Stuhl sitzend wie auf einem Thron, konnte gerade noch die hochaufgetürmte Verwehung aus Gold erkennen, die ihr Haar ist; die immer noch schönen Augen, die nur halbwegs von der Jugend verbraucht sind; den lächelnden Mund, der alles zum Ausdruck gebracht hat, was in einem schwarzen Satinkleid lebendig sein kann.

Ich beugte mich vor. Ich wollte die Stille nicht zerstören, die ungebrochen war, abgesehen von dem Zischen eines Kochkessels in einem hinteren Raum. Die Rosen in der Vase schütteten purpurne Schwermut auf den Boden. Nicht einmal jetzt hätte ich sprechen können, doch von irgendwoher hörte ich das Ticken einer Uhr.

»Dies alles ist sehr mysteriös und wundervoll«, sagte ich und nickte in die Richtung des orientalischen Dekors im Raum. »Glauben Sie, Miss Russell, daß die Umgebung uns beeinflußt?«

»Mehr als alles andere«, sagte sie sanft, »mehr als Ererbtes, mehr als Neigungen, mehr als man wirklich erfassen kann. Wenn unsere hohle Gesellschaft mit weniger Vergoldung an ihren Stühlen auskäme, könnte sie mehr Gold auf das Konto ihrer Weisheit zahlen. Diese Umgebung stimmt genau überein mit dem Besten, das in mir ist. Ich bin zutiefst zufrieden, wenn ich allein bin, ohne die Hetze der heutigen Zeit zu spüren. Ich hebe einen Buddha aus Porzellan hoch und halte ihn in meiner Hand. Das ist für mich Frieden, Glück. Ich könnte niemals einsam sein ohne Ehemann, aber ohne meine kleinen Schätze, meine goldenen Götter, könnte ich in abgrundtiefe Schwermut fallen.«

»Was sollte denn dann die Szenerie für einen Huerta[1] sein?«

»Ein geschlossener Kreis von Gewehren«, antwortete sie, ohne einen Augenblick zu zögern. Sie beugte sich vor und umschloß eine verwelkte Rose mit ihren Händen. Ich begann klarer zu sehen in dem orientalischen Zwielicht, das sich in dem Stockwerk eines Apartmenthauses in Manhattan eingenistet hatte, und ich erkannte sie jetzt, wie sie vor zwanzig Jahren gewesen sein mußte.

Das Singen leidenschaftlicher Töne hatte ihre Brust ein wenig geweitet, so daß sie wogte wie eine große matte Glockenblume. Sie hatte ein Zuhause, und doch konnte man sie nicht Hausfrau nennen, sie hatte einen Ehemann, und doch konnte man sie nicht ergeben nennen, denn vor allem anderen hatte Miss Russell Gelassenheit erlangt.

Ich fragte sie nach ihrem häuslichen Leben.

»Ich bin auch zufrieden mit einer Wohnung als Zuhause. Ich habe so oft gelesen, daß man kein wirkliches Zuhause in einer Wohnung finden könne, doch ich weiß es besser, weil ich meins gefunden habe. Sie können in jeder Art von Wohnung so glücklich sein, wie Sie wollen, vorausgesetzt Sie haben die richtige Einstellung dazu. Natürlich ist der beste und angenehmste Ort, sich zu zweit häuslich einzurichten, ein schönes großes Haus; aber hier brauche ich nur den Arm auszustrecken – so – um James die Butter zu reichen, und ihn nach dorthin auszustrecken – so – um das Klavier für die Nacht zu schließen.

Alles was ich zu tun brauche, um meinem Mann meine Gedanken zu vermitteln, ist denken. Ich brauche nicht zu sprechen. Das macht einen großen Unterschied, das kann ich Ihnen versichern. So viele angenehme Episoden des

Lebens werden durch Geschrei verdorben. Sie haben nie von einer unglücklichen Ehe gehört, ohne daß die Nachbarn es zuerst gehört haben.«

»Aber«, sagte ich, »haben Sie denn zu gar keinem Thema irgendeine vehemente Ansicht?«

»Oh, doch, zur Kontroverse um den Panama-Kanal! Wenn ich denke, daß ein anderes Land sich in das einmischt, wofür wir gearbeitet und gelitten haben, werde ich wütend. Es erzürnt mich, es bringt mich in rasende Wut, ich könnte Krieg machen. Ich würde die Herausforderung einer Schnellfeuerwaffe annehmen; ich könnte den Tod auf den Punkt bringen – ich bin darüber so aufgebracht, weil ich Bescheid weiß; ich bin dort gewesen. Für manche Leute ist er nur ein Graben mit einem Netzwerk aus Stahl. Er ist ein finsteres Tal, aus dem Amerika entkommen ist, er ist mit Blut und Tränen vermischt, und ich kann nicht daran denken, ohne die Beherrschung zu verlieren.

Jetzt ist es schön dort – früher war es eine ungezieferverseuchte Stadt. Jetzt sind sie stolz auf ihre Krankenhäuser. Kein einziger Patient – das ist ein Rekord.«

»Aber«, erkundigte ich mich, »haben Sie denn keinerlei vehemente Ansicht zu etwas Näherliegendem?«

»Nichts, worauf ich mich im Augenblick besinnen könnte, es sei denn, meine gelegentlichen Besuche in der Küche. Ich muß schon sehr fest entschlossen sein, um Zutritt zu bekommen. Meine Köchin kann es nicht leiden, wenn ich dort herumwirtschafte, aber ich habe eine besondere Leidenschaft für Pilze, wissen Sie. Warten Sie, ich gebe Ihnen das Rezept, dann könnt Ihr armen, irregeführten Menschen endlich entdecken, wie sich der Himmel auftut, in Form von aufgetischten Zwiebeln.

»Aber stellen Sie sich vor«, sagte ich, »Sie hätten an dem Abend ein Rendezvous!«

»Oh, Sie machen sich Sorgen wegen der Zwiebel. Sie ist keine Zwiebel mehr, nachdem Sahne und Zitrone dazugegeben wurden; keine Zwiebel mehr, sondern ein Gedicht.«

In diesem Augenblick kam ein Viereck aus weißem Leinen herein mit einer Rüsche, diese Mahnung an gesellschaftliche und auch häusliche Verpflichtungen, begleitet von einem frisch gerahmten Hundeportrait.

»Es ist französisch«, erläuterte Miss Russell und drehte sich herum, um es genau zu betrachten: eine Leinwand, einen Quadratmeter groß, auf der ein winziges Samtkissen zu sehen war und auf diesem eine kleine unanfechtbare Insel, der bloße Federwisch eines langhaarigen Hundes mit einem klagenden Blick in den Augen, Ausdruck seiner Zucht.

Er war einer jener Pudelwelpen, der sich nach langer sorgfältiger Auslese auf der Straße des Fortschritts seinen Vater und seine Mutter so gut ausgesucht hatte, daß er als Vollblut galt und folglich würdig für einen Quadratmeter Leinwand.

»Bringen Sie es weg«, sagte sie unvermittelt und kehrte zur Unterhaltung zurück. »Das war mein einziges Haustier, es ist vor kurzem gestorben. Seitdem habe ich keine Tiere mehr gehabt. Ich kann in Käfigen eingesperrte Vögel nicht ertragen, und aus Katzen mache ich mir nichts. Pferde kann ich hier oben nicht halten, und einen anderen Hund will ich nicht haben, nun verstehen Sie, warum es hier keine anderen Lebewesen gibt außer mir.«

»Und das Frauenstimmrecht?«

»Ich bin mit Muttermilch und Stimmrecht groß geworden. Wissen Sie nicht, daß meine Mutter die berühmte Cynthia Leonard war, die vor Jahren für das Präsidentenamt kandidierte? Oh, ja, ich bin für das Frauenstimmrecht, und ich hoffe, daß es noch zu meiner Zeit kommt, so daß ich wählen kann – und ich werde wählen, und wie!«

»Was halten Sie von der modernen Kleidung?«

»Wundervoll! Was ist sinnvoller als moderne Kleidung? Nichts Einengendes, keine Albernheiten, keine Extras, ganz schlicht und praktisch, einfach kleidsam und angemessen, eben normal, gesund und vernünftig.«

»Gut, und was halten Sie von modernen Tänzen?«

»Herrlich! Viel hübscher und gesünder als die altmodischen Tänze. Ich glaube an sie. Sie werden nicht aussterben, sie sind da, um zu bleiben, sie sollen bleiben und sie werden bleiben. Mit einigen Variationen vielleicht, mit ein paar neuen Schritten, sonst wird sich nichts ändern. Nur der Dip[2], der wird aussterben, er ist nicht graziös, nicht interessant, nicht einmal unanständig; er wird aussterben.«

»Gut, glauben Sie nicht, daß irgend etwas vor die Hunde gehen wird, Miss Russell, wenigstens eine einzige Sache?«

»Ich kann mir überhaupt nichts vorstellen. Lassen Sie mich überlegen – solange es Frauen auf der Welt gibt, wie sollte da etwas vor die Hunde gehen?«

»Dann glauben Sie also auf Gedeih und Verderb an die Frauen?«

»Ich habe niemals auch nur das Geringste an einer Frau auszusetzen. Wenn es sein muß, kann ich den Männern ganz schön die Leviten lesen, aber meine Schwestern, sie sind fabelhaft, die haben so großartige Ideale, auch wenn sie durch ihre Ehemänner in Schwierigkeiten gebracht werden; sie haben Hoffnungen, auch wenn sie bis jetzt noch nicht gelernt haben, auf der äußeren Straßenseite zu gehen.«

»Und die Sache, die vor die Hunde geht?« erinnerte ich sie.

»Aber mir fällt nichts ein, das vor die Hunde gehen könnte, wirklich und wahrhaftig nicht. Ich meine, daß Amerika so ziemlich in Ordnung ist – und den Rest der Zeit arbeite ich. Wenn eine Frau viel zu tun hat, fehlt ihr die Zeit, den Niederträchtigen Fesseln anzulegen. Wenn sie damit beschäftigt ist, Rosen zu züchten, kann sie sich nicht den Kopf über Kakteen zerbrechen.«

Und dann dankte sie mir.

»Wofür?«

»Weil Sie mich nicht ein einziges Mal gefragt haben, wie ich mir mein gutes Aussehen erhalte. Jeder fragt mich das zuerst. Für ein paar Minuten haben Sie mich mein Gesicht vergessen lassen, und ich will es vergessen. Ich habe es satt – so furchtbar satt. Manchmal hasse ich den Spiegel. Was ist denn so großartig am Schön-Sein? Um eine großartige Frau, ein großartiger Mensch zu sein, muß man gelitten haben; so wie unsere Frauen in Panama litten, wie unsere Frauen in schweren Krisenzeiten gelitten haben. Was habe ich getan, daß ich berühmt geworden bin – nichts, außer mir ein wenig die Wangen zu pudern, die Gott mir gab, und das Haar zu glätten, mit dem ich geboren wurde, zu lachen und mein makelloses Gebiß unter Beweis zu stellen. Jedes ewig lächelnde, gut geschminkte Sternchen kann das genauso gut, aber die wahren Frauen, die großen Frauen, die plagen sich und schreiben nie darüber, die arbeiten hart und machen kein Geschrei darum, die verlieren alles und fordern keine Vergütung. Beginnen Sie diesen Artikel mit dem Namen Lillian Russell, aber beenden Sie ihn mit dem Namen einer Frau wie Cynthia Leonard.«

Ich entfernte mich aus dem Purpurdämmer, und der einfältige Porzellanchinese grinste mich vom Klavier her an, und der Sonnengott mit dem weisen Mund rollte seine blinden Augen in Richtung der Pfauenfedern und dem Aufgebot an silbernen Gefäßen, und die orientalischen Duftwolken stiegen auf und nieder über dem Stuhl, der seine Last trug, wie ein Thron seine Königin trägt.

Mai 1914

---

1. Huerta, Victoriano (1854–1916): Mexikanischer General im Strudel der mexikanischen Revolution von 1910 und 1913. Ab 1913 selbsternannter Präsident, den US-Präsident Woodrow Wilson im Juli 1914 zur Abdankung zwang und des Landes verwies. (Das Barnes-Interview mit Lillian Russell wurde am 3. Mai 1914 gedruckt.)
2. Dip: Amerikanischer Modetanz der Zwanziger Jahre, bei dem die Tänzer häufig in die Knie mußten.

ICH BIN EINFACH MARY JONES AUS DEN USA

# MARY JONES

◀ Mary »Mother« Jones

● Nachdem ihr Mann und ihre vier Kinder während der Gelbfieberepidemie der 60er Jahre des vorigen Jahrhunderts in Memphis gestorben waren und sie vier Jahre später ihr Zuhause und ihre Habe während des Großen Brandes von Chicago verloren hatte, begann Mary Harris Jones, Versammlungen der Knights of Labor zu besuchen. Während der darauffolgenden Jahre fand sie zu ihrer neuen Identität als ›Mutter‹ der Arbeiter und Gewerkschaftsaktivisten überall in den Vereinigten Staaten.

Als ›Mother‹ Jones agitierte sie gleichzeitig für den Gewerkschaftsbeitritt und dort, wo die Bedingungen am erbärmlichsten waren, für Streiks. Ihre große Beliebtheit erwuchs jedoch aus ihrer Rolle als Aktivistin während jener Streiks, als sie für hungernde Arbeiter und ihre Kinder kochte und putzte und – oftmals Schikanen und der Androhung von Gefängnis ausgesetzt – Vorträge über die Rechte der Arbeiter hielt und ganze Armeen von Hausfrauen und Kindern organisierte, die den von den Besitzern der Eisenbahnlinien und Bergwerke angeheuerten Streikbrechern und Polizeikommandos Schlachten lieferten.

Der Pittsburgher Eisenbahnerstreik von 1877, der Chicago Haymarket Riot von 1886, der Kohlenbergarbeiterstreik von Pennsylvania in den Jahren 1900–1902, die Streiks der Kupferminenarbeiter von Colorado 1913 und 1914 und die Streiks der New Yorker Textilarbeiter und Straßenbahner von 1915–1916 – sie alle dienten dieser glühend zur Unabhängigkeit entschlossenen, unermüdlichen Feindin der amerikanischen Industriellen als Kampffeld, und ihre Feinde fürchteten die unmittelbare Herausforderung der ›kleinen alten Frau mit der schwarzen Haube‹ – ihr selbstgewähltes Image.

›Mother‹ Jones blieb auch während der ersten Jahrzehnte des 20. Jahrhunderts aktiv und nahm noch im Alter von 93 Jahren am Grubenarbeiterstreik von West-Virginia im Jahr 1923 teil. Zu ihrem hundertsten Geburtstag erhielt sie aus dem ganzen Land die Glückwünsche führender Persönlichkeiten, darunter die von John D. Rockefeller Jr. – ihr Erzfeind während ihrer mehr als 53 Jahre Gewerkschaftstätigkeit –, dessen Grüße sie zu einem hitzigen Ausbruch veranlaßten, der von Filmkameras aufgezeichnet worden ist. Sie starb noch im selben Jahr, 1930, in Silver Spring, Maryland.

# MARY JONES

**M**other Jones baute sich vor mir auf und fragte: »Was wollen Sie?«

Ich hielt die Stellung, wenn auch auf eine etwas duckmäuserische Art, und sagte, wenn sie mich so abspeisen würde, verlöre ich meine Arbeit. Es funktionierte. Sie sagte, keiner solle durch sie irgend etwas verlieren.

Und danach setzte sie sich hin. Ein bißchen füllig unter dem Gürtel, saß sie doch kerzengerade in einem Sessel mit hoher Rückenlehne, die Hände vor sich gefaltet – verwitterte, gekrümmte Finger – krumm geworden bei dem lebenslangen Versuch, einiges geradezurücken. Ihr Spitzenkragen warf einen Schatten, und ihr kleines Kinn ruhte auf den Perlen an ihrem Hals. Ihr schwarzes Kleid bauschte sich um sie herum, und die Rüschen des Oberteils kräuselten sich und ergossen sich über ihre Brust – ein kleiner Niagara direkt über dem Brustlatz eines reißenden Stromes.

Wenn sie in Schweigen verfällt, so ist das organisches Gezänk; wenn sie nicht spricht, so ist sie doch äußerst beredt. Wenn sie nicht mit einem Menschen debattiert, so debattiert sie mit ihrer Seele. Auf eine großartige Weise ist sie sich der Tatsache gar nicht bewußt, daß sie sich in ihrem Schlafzimmer befindet – wo sie sich gerade aufhält, da werden alle Zimmer zum Sitzungssaal.

In der Jugend mag man ein Pfau gewesen sein, im Greisenalter ist man ein Spatz. Mothers Bewegungen tun ihr Alter kund: Es braucht 82 Jahre, um die Bewegung im Kopf mittels der Unbeweglichkeit der Hüften hervorzurufen. Bei Denkern stiehlt der Tod sich von den Füßen nach oben, bei Laien vom Kopf nach unten.

Auf diese Weise erweist Mother sich als die, die sie ist.

Das Zimmer im Union Square Hotel war dürftig. Ein Bett, eine Couch, ein paar Stühle – das ist ihr Rüstzeug für gesellschaftliche Anlässe.

Ihre Kleider hörten auf, in Mode zu sein, als ihr Körper aufhörte, sie zu interessieren. Man kann Mothers geistiges

Wachstum genau erkennen – ihre Kleider gehen auf die Moden von vor 82 Jahren zurück.

Ich fragte sie, was sie zu dieser Arbeit gebracht habe, die sie sich zur Lebensaufgabe gemacht hat.

Es war eine unglückliche Äußerung.

Sie sprang ruckartig auf, und ihre Arme vollführten weitausholend eine leidenschaftliche Geste. Es war die universale Geste des Mächtigen – sie tat Abscheu und Verachtung kund.

»Und so etwas fragen Sie mich?«, sagte sie. »Das ist die Frage, die vor Ihnen schon vierzig Millionen anderer Dummköpfe gestellt haben. Wie fangen der Donner oder der Blitz an? Wie fängt die Welt an – aus dem Kampf wird sie geboren. Ich bin aus dem Kampf geboren und aus der Qual und dem Schmerz. Ein Kind des Rades, ein Balg aus den Zahnrädern, eine Frau aus dem Staub. Denn selbst noch Eisen kennt Staub, und wenn ein Arbeiter seinen blutigen Schweiß schwitzt und seine blutigen Tränen weint, dann wird ein Heilmittel in die Welt geschleudert. Ich bin ein Heilmittel.

Wie können Sie also fragen und wie kann ich sagen, wann ich mich zu kümmern begann? Sie fragen das, weil wahrscheinlich nicht einer von euch Bescheid weiß – ihr habt unsere Leben nicht gesehen, wie wir sie leben, da draußen in Colorado. Wir können euch das erzählen, und ihr könnt zuhören, doch noch nie ist eine Tragödie verstanden worden, die vom Mund zum Ohr ging. Sie muß vom Auge zur Seele gehen.«

Sie hatte die Rückenlehne des Stuhls mit der Hand umklammert und ließ sie nun mit einer solchen Heftigkeit los, daß sie nach vorn kippte.

»Hören Sie zu«, sagte sie, »Sie sind eine junge Frau, Sie haben nie den Anfang oder das Ende der Schöpfung gesehen. Ich habe Söhne geboren; ich habe den Tod gesehen. Ich komme unmittelbar aus dem Innern der Welt. Ich bin an der Unterseite der Uhr gewesen. Ich habe das

Ticken mit meinem eigenen Herzen gehört, und ich weiß Bescheid!«

Nach dieser letzten Äußerung trat Schweigen im Zimmer ein, und ich sagte nichts. Ich hatte plötzlich das Gefühl, daß es in meiner Welt kein geeignetes Wort gab, das ich hätte sagen können – wußte, daß weder ein ›tz-tz‹ der Zunge noch ein ›Ist das nicht schrecklich?‹ des Mundes irgend etwas bedeuten würden.

Ich schaute sie einfach nur an, und sie erwiderte meinen Blick, und um ihren Mund hatte sich kaum merklich ein Ausdruck festgesetzt, der wie ein Nachdenken selber war, so als habe es seinen Platz hinter der Stirn zugunsten der Lippen verlassen. Ihr Mund ist kein Mund mehr, er ist eine Predigt.

»Und dann«, fuhr sie fort, »fragen die mich, wo ich herkomme, wo ich geboren bin. Was spielt das schon für eine Rolle? Was ändert das schon, ob ich nun Irin und aus Dublin bin oder Irin aus Cork oder daß ich überhaupt Irin bin? Es genügt, daß ich von dieser Welt bin. Ich bin ganz einfach Mary Jones aus den USA. Wenn mir das genügt, dann wird es auch euch genügen müssen.

Philadelphia, 1903:
Kinder während des Streiks zur Durchsetzung der 55-Stunden-Woche

Ich lebe – Gott hat mir aufgetragen, diese Arbeit zu tun, und ehe sie nicht getan ist, kann ich nicht sterben, und nachdem sie getan ist, kann ich nicht bald genug sterben. Es kümmert mich nicht, wohin ich gehe; ich werde dienen. Die brauchen in der Hölle sowieso mehr als nur Gungha Din[1].«

Und dann lächelte sie. Ich meinte, sie an dieser Stelle ungestraft fragen zu können, was sie vom Frauenstimmrecht hielte. Diese Frage kitzelte ihren Zorn noch ein bißchen mehr als die erste.

Ohne zu zögern, versetzte sie bissig: »Ich hab nicht genug Grips, um Suffragette zu sein – ich bin viel zu sehr damit beschäftigt, die linke Seite der Welt zu errichten, die, wo angeblich das Herz sitzt.«

»Sie wollen damit sagen –«

»Daß das Stimmrecht im Leben einer Frau so etwas ist wie das Gewehr in der Hand eines Negers. Keiner von beiden richtet besonderen Schaden an, aber es ist auch keiner von beiden fähig, irgend etwas aufzubauen. Man muß die Frau zur Schule schicken, um zu beweisen, was sie alles kann; wenn sie sich als geeignet erweist, na schön; wenn nicht – na, sehen Sie doch selbst, was für eine Hölle Manhattan sein kann. Die korruptesten Staaten in der ganzen Welt sind die mit dem Frauenstimmrecht. Als ich einmal in einem Staat mit Frauenstimmrecht ins Kittchen gesteckt wurde, kam ich so schnell nicht wieder raus. Die Frauen haben nicht den kleinsten Protest erhoben, haben nie versucht, mich freizubekommen.

Heute habe ich eine gesehen –«. Sie stand auf und hob die Arme über den Kopf, so daß ihre langen Ärmel mit dem Rüschenbesatz wie ein Vorhang herabfielen. »Federn, Federn, kreuz und quer über den ganzen Kopf. Ein Rock, der war ungefähr dreißig Zentimeter weit! Das närrische Ding sah wie irgend so eine ausgestopfte Schreckensgestalt aus einem Museum aus. Ich habe sie gehaßt und hatte Mitleid mit ihr. Eine Frau mit solch einem Rock, die kann ja nur eine Laus im Pelz sein, und eine Laus im Pelz, die ist im Leben soviel wert wie –« Wie ein Mann schnippste sie mit ihren runzligen Fingern, gekrümmten und verbogenen Fingern, die die malträtierten Gitterstäbe vor ihrem eigenen Gefängnis zu sein schienen.

»Unsere Frauen, die kommen hinter ihrer Tünche doch ohne alles aus. Eine Stunde von vierundzwanzig sollte man darauf verwenden, die restlichen dreiundzwanzig zu verstehen, doch das unterbleibt. In jedem Jahrhundert gibt es ein Problem, und dafür gibt es eine Lösung. Das Problem, das nehmen wir immer zur Kenntnis; gegen die Lösung aber kämpfen wir immer an.

Man muß sich auf mehr einlassen als auf menschliche Wesen, um ein ziviler Mensch zu sein. Man muß durch seine Gosse und durch seinen Sumpf. Ich habe Zwiesprache mit Gefängnislöchern gehalten, ich habe mitten unter

Mother Jones unterstützt die Streikenden von Colorado, 1914

den Ratten gesessen – deshalb weiß ich auch, was es mit dem Menschen auf sich hat.

Ich habe mich mit dem Gewürm gesuhlt, und deshalb weiß ich, was in den Menschen vorgeht. Rockefeller ist ein Teil des Systems, in das er hineingeboren wurde – dafür kann er nichts. Nur indem er selbst nach Colorado geht, indem er das Ganze von derselben Ebene aus betrachtet, nur indem er die schreckliche lebende Masse, die ihn und die arbeitenden Menschen am Boden hält, tötet und seinen Absatz daraufsetzt, kann er ihnen helfen. Gott, als ob ich nicht wüßte, was ein Bankett so alles ausbrütet! Nein, nein; ich hab nie an einem teilgenommen und werde auch nie an einem teilnehmen. Noch der kräftigste Impuls kann doch schon durch einen Cräcker erstickt werden. Ein Bankett ist keine Mahlzeit, das ist eine Farce. Das ist kein Abendessen, das ist ein Tod.

Ich glaube, Rockefeller hat die besten Absichten, doch er ist blind. Wie soll er auch sehen können?«

Und sie monologisierte weiter über das, was offensichtlich das zurückgekehrte Gespenst aus irgendeinem Traum war. Sie streckte die Hand aus, und sie zitterte.

»Es regnete«, sagte sie, und ihre Stimme war vom Diskant der Gegenwart zum Alt der Vergangenheit zurückgekehrt. Sie war in ein älteres Kapitel ihres Lebens zurückgeglitten und sprach mit weicher Stimme. Denn die Zeit besänftigt die Stimmen ebenso wie den Schmerz der Wunde.

»Ich weiß noch, daß es regnete. Ich war von Trinidad heruntergekommen. Sie fuhren mich schon wieder ins Kittchen, und auf der Straße waren noch andere – Frauen und Kinder –, und es regnete und war kalt. Regen heißt für mich nie grünes Gras; es heißt immer nasse Babys und Lungenentzündung. Und dann erinnere ich mich wieder, wie sie die Jungen aus ihrer Zelle in den Schnee hinausgetrieben haben, ohne Kleider, und ihnen die Gewehrläufe in den Rücken gedrückt haben. Wenn ein Rückgrat Bekanntschaft mit einer Winchester macht, ist die Revolution geboren.

Und die Söhne wurden vor ihnen her in den Schnee hinausgetrieben, und ich mußte zuschauen, wie sie weggeschafft wurden. Doch am schlimmsten war, ich mußte die miterleben, die zurückblieben. Drinnen krochen mir die Ratten um die Füße, und von draußen schrie Mary mir zu: ›Hast du meinen Johnny gesehen?‹, und ich stand da und wußte, daß es schrecklich ist, Kinder zu haben, aber noch schrecklicher, sie zu verlieren.«

Mother besitzt ein tiefes Wissen um den Stoff, aus dem die Schöpfung gemacht ist. Er ist zerlumpt und äußerst unregelmäßig zusammengesetzt – er ist ein Pelz der Angst, der Weide des Leids, ein Feld der Fäuste. Was Mother Jones an Natur wahrzunehmen vermag, kommt nicht ohne Muskeln aus.

Für sie geht es nicht mehr darum, was wichtig ist, sondern darum, warum es wichtig ist. Jetzt ist nicht mehr die Zeit der Erörterungen, es ist die Zeit der Wiedergutmachung.

Sie gibt sich nicht länger mit Zeichen zufrieden, sie muß durch Abschlüsse überzeugt werden.

»Was wird aus den Frauen und Kindern von Ludlow?, um die Frage in der Form zu stellen, in der Frank Hayes sie in seinem Gedicht stellte. Was wird aus einer Mutter, die ein Kind zur Welt bringt, nachdem sie selbst schon gestorben ist? Was für eine Bedeutung hat ein Leben auf Schauhausbasis – Bürger aus einer Gruft? Weshalb brauchen wir einen Präsidenten? Weil wir zaudern. Weshalb müssen wir einen Stadtrat haben? Weil wir furchtbar oberflächlich sind. Ihr sagt, denken wir nicht zuviel über alles nach – ich sage: Vertiefen wir uns in alles!

Was hat es denn mit euren ganzen sogenannten christlichen Vereinigungen auf sich? Sie werden von Männern geführt, die rücksichtslos über die Armen hinweggetrampelt sind, die den Arbeiter ausgesogen haben bis aufs Blut, um diese Vereinigungen gründen zu können, die auf den Leichnamen solcher Leute wie meiner in Colorado fußen. Ihr alle, die ihr aus dem Schlamm geboren worden seid, steht auf und sagt: ›Ist sie nicht großartig, die opferbereite Dame, die mildtätige und gütige?‹, und ich sage: Das ist keine Vereinigung, sondern ein heilloses Durcheinander – das ist Fürsorgearbeit, die durch Sklaverei ermöglicht wird, es ist Wohltätigkeit mit Hilfe von Ketten. Es ist ein verfaultes System, das von euren Oberklassenräubern am Leben erhalten wird.

Sind die nicht auch an mich herangetreten? Haben die mich nicht eingeladen, mit dem Vorstand mittagzuessen? Haben die mir nicht Blumen geschickt? Ich will deren Mittagessen nicht, ich will deren Blumen nicht. Ich habe zu viele Tode gesehen, die von keiner Lilie geschmückt waren, zu viele Geburten, denen nicht nur die Rüschen versagt blieben, sondern auch der Arzt.«

An dieser Stelle unterbrach sie das Telefon. Diese Gelegenheiten sind es, wo man die Existenz von Bell[2] bedauert.

Jedoch nur eine Minute lang. Mothers Rücken erzählt mehr als eine Klatschgeschichte. Er gibt sie preis.

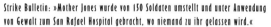
Strike Bulletin: »Mother Jones wurde von 150 Soldaten umstellt und unter Anwendung von Gewalt zum San Rafael Hospital gebracht, wo niemand zu ihr gelassen wird.«

Es ist ein flacher, gerader Rücken und ein breiter dazu. Er hat niemals Zeit gehabt, eine individuelle Form anzunehmen. Die Wirbelsäule hat nichts Persönliches.

Auf ihr hat über viele Jahre eine unsägliche Bürde gelastet. Das ist kein Rücken, das ist eine Säule.

Wie auch immer, genug der Vergleiche. Ich trat ans Fenster und schaute hinaus, während sie dort stand und telefonierte, und unten streiften die Menschen im weichen Abendlicht auf diese ziellose Weise umher, die alle Menschenmengen an sich zu haben scheinen, wenn man sie von einem Hotelfenster im dritten oder vierten Stockwerk betrachtet und niemand darunter ist, den man kennt. Das war wie ein Dorf der Alten Welt – der Platz, die komischen Lädchen, die berechnende Hartnäckigkeit seines Verkehrs.

Irgend jemand hat mir erzählt, das Union Square Hotel und der Union Square seien beide Teil eines Ganzen, wie es etwa Thrums town sein könnte. Es ist nicht ein Teil Manhattans, es ist ein Teil eines Haushalts. Selbst der Barbier rasiert selten ein Gesicht, es sei denn, es handelte sich um eins, von dem er während der letzten zehn, fünfzehn Jahre die Stoppeln abgekratzt hat; und es gibt einen bestimmten Typ von Kneipe, da wird ein Neuer ungerne gesehen, selbst wenn er ein Fünfzigcentstück über die Theke wirft.

Es war genau der richtige Rahmen für die kleine alte Mother. Kein anderer Ort in der ganzen Stadt wäre einem passend erschienen. Selbst der Teppich am Boden – ein Teppich, den mein Auge wahrnahm, als der Blick von den üppigen Falten von Mothers Rock und ihren riesigen Schuhen zu dem altmodischen Beutel gewandert war, der an einer angelaufenen silbernen Kette von ihrem Gürtel herabbaumelte – ein Teppich, der zugleich rot und anheimelnd und heiter war, ein Teppich, so wie sie ihn im alten Grand Union Hotel hatten – in der Tat der einzige Teppich in der ganzen Welt, den irgendein hausbackenes Hotel auf seine Böden legen würde.

Ich bat sie, mir zu sagen, was sie als Kind werden wollte; wie sie gelebt habe, als sie in Trinidad war.

Doch das wollte sie nicht.

Und so kam es, daß alsbald wir vier an einem Tisch des kleinen Ratskellers (dtsch. i. O.) saßen und uns unterhielten – James Lord, Frank Hayes und der Mann, der Rodin vielleicht vorgeschwebt hatte, als er den *Denker* meißelte.

Der Junge in der Ecke drüben spielte Geige, und das Bier auf unserem Tisch begann schal zu werden.

»Na kommt«, sagte ich, »jetzt müßt ihr Jungs mir aber mal erzählen, was Mother macht, wenn sie nicht kämpft.«

Es war mir ziemlich gleichgültig, ob sie nun antworteten oder nicht. Die Atmosphäre war perfekt: Drei aus dem Westen (die ersten, mit denen ich im Leben wirklich gesprochen hatte), aus der Ecke eine klagende *Träumerei*, der dicke Mann hinter der Bar und ich.

»Wir versuchen, Mother beizubringen, daß sie sich in acht nehmen soll«, bemerkte der Riese als nächstes, und setzte sich, wie Sie sehen, gänzlich über meine Frage hinweg. »Sie ist impulsiv und redet sich um Kopf und Kragen, wenn sie alles sagt, was ihr in den Sinn kommt und ihr Gemüt bewegt. Das ist ihr Temperament, das ist das Irische an ihr. Ach, das ist wundervoll – für die Reporter.« Er lachte. »Komisch ist auch«, fuhr er fort, »wie wenig sie Kinder leiden kann. Ich glaube, sie hält es für baren Unfug, welche auszutragen, und jede künftige Mutter ist für sie vom Teufel. Doch wage mal einer, Hand an ihre Jungs zu legen!

Die Welt ist eine gewöhnliche Welt, und Mother ist, Gott sei Dank, als gewöhnliche Frau geboren worden!«

*Februar 1915*

---

1. Gungha Din: Ist einerseits eine Anspielung auf Djuna Barnes' Spitznamen am Broadway (Gunga Duhl), andererseits auf ein Gedicht von Rudyard Kipling, das von einem couragierten jungen indischen Wasserträger handelt, der dem britischen Regiment dient. Die Schlußzeile des Gedichts lautet: »You're a better man than am, Gungha Din!«
2. Bell: Amerikanische Telefongesellschaft.

**DIE GESTÄNDNISSE DER HELEN WESTLEY**

## HELEN WESTLEY

◀ Helen Westley in »Showboat«

● Im Jahr 1875 geboren, ging Henrietta Manney in Brooklyn zur Schule und studierte das Theaterfach an der New Yorker Academy of Dramatic Arts und an der Bostoner Emerson School of Oratory. Nach einmaligen Gastspielen und Varietéauftritten hatte sie ihren ersten Auftritt am Broadway 1897 in The Captain of the Nonesuch und spielte dann in verschiedenen New Yorker Inszenierungen.

Nach ihrer Heirat mit John Westley 1900 nahm sie für zwölf Jahre Abschied von der Bühne, doch nach ihrer Scheidung begann sie, lebhaft an den Aktivitäten der Literatur- und Kunstbohème des New Yorker Greenwich Village teilzunehmen. Dort übernahm sie die Regie bei den Aufführungen von Djuna Barnes' Einaktern, und dort lernte sie auch Lawrence Langner kennen, den Gründer der experimentellen Theatergruppe The Washington Square Players. Langner ermunterte Helen Westley, sich der Truppe anzuschließen, und seit 1915 spielte sie in einer ganzen Reihe von Stücken, von Zona Gales Neighbors bis zu Anton Čechovs Die Möwe, bis die Gruppe sich drei Jahre später auflöste.

Im Dezember desselben Jahres – 1918 – forderte Langner Helen Westley auf, ihm bei der Gründung der Theatre Guild behilflich zu sein, die dann eines der bedeutendsten Ensembles der nächsten zwei Jahrzehnte wurde. Helen Westley spielte in Jacinto Benaventes Der tugendhafte Glücksritter, die Frau Muskat in Liliom (1921), die Zinida in He Who Gets Slapped (1922), die Mrs. Zero in The Adding Machine (1923), die Mrs. Evans in Eugene O'Neills Seltsames Zwischenspiel (1928), die Aunt Ella in Green Grow the Lilacs (1931) und die Frau Lucher in Reunion in Vienna (1931). Helen Westleys Beteiligung an der Guild ging jedoch weit über ihre Bühnenauftritte hinaus. Als Mitglied der Direktion war sie z. B. aktiv an der Stückauswahl beteiligt.

In den 30er Jahren begann Helen Westley, sich dem Film zuzuwenden, und sie hatte Rollen in Moulin Rouge, Roberta, Show Boat und einer Filmbiographie über Lillian Russell. Ihre letzte Rolle am Broadway spielte sie 1939 in The Primrose Path.

# HELEN WESTLEY

»Hallo, spreche ich mit Miss Barnes?«
»Ja.«
»Hier spricht Helen Westley.«
»Ah, guten Tag.«
»Ich möchte wieder interviewt werden.«
»Na fein. Dann treffen wir uns um halb vier im Brevoort[1].«
Ich bin pünktlich um halb vier dort. Ich bestelle etwas »mit einer Kirsche drin« und erwarte den Auftritt der seltsamen Person von den Washington Square Players. Alsbald erscheint sie mit leichtem Schritt und wieder in einem dieser heißgeliebten altgekauften Kleider; unter dem Arm trägt sie ein altgekauftes Buch, und sie zeigt lächelnd ihre zweiunddreißig makellosen Zähne.

»Tout passe, mon amie«, murmelt sie, während sie mir gegenüber Platz nimmt, und sie schüttelt die Ohrringe und wirft das Buch auf den Tisch. Es ist Murrays *History of Greek Literature*, und sie weiß, daß sich das gut macht.

»Staubige Bücher«, beginnt sie, noch während sie Hafergrütze bestellt (die sie um diese Tageszeit selbstverständlich nicht bekommen kann), »sind meine einzige wahre Leidenschaft. Neue Bücher sind wie die jungen Mädchen – sie taugen zu nichts. Ein altgekauftes Buch ist wie ein Mensch, der viel gereist ist; erst wenn ein Buch durch die Hände mehrerer Menschen gegangen und schmutzig geworden ist, taugt es dazu, einen nachdenklich zu machen. Man hat das Gefühl, daß es seine Reifeprüfung abgelegt hat, daß es etwas Großzügigeres, Kosmopolitisches an sich hat – ach, naja!« Sie fing an zu lachen. »Ach, wenn man doch ebenso jung wie schön wäre! Ich bin eben nur schön, und Sie sind jung; ich kann niemals wieder sein, was Sie sind, und Sie werden aller Wahrscheinlichkeit nach niemals sein, was ich bin, so daß ich Ihnen gegenüber immerhin den Vorteil habe – keine Hafergrütze? Das ist doch absolut grotesk! Na schön, bringen Sie mir einen Highball!

Also weiter: jung zu sein, schön zu sein – wie trübselig, wie traurig, was für ein Hohn. Als ich jung war, hatte ich den Kopf voller Träume von Liebe, von Leidenschaft, von Idealismus, von ewiggrüner Jugend. Die Leute bezeichneten mich als interessant, doch sie hatten ein bißchen Angst vor mir. Warum, das liegt auf der Hand: Ich war zu eifrig, zu neugierig, zu vital – zu unliebenswürdig. Jetzt –«, sie streckte ihre dünne lange Hand aus und schloß: »Jetzt bin ich schrecklich interessant, schrecklich originell, sehr begabt, schön, wie bereits gesagt, aber – ich bin kein Kind mehr. Jetzt besitze ich Gelassenheit; jetzt kann ich warten, jetzt kann ich nachdenken; jetzt bin ich fähig zur Jugendlichkeit, aber nicht nach Jahren – das ist das Bedauerliche.«

»Hier würde sich jetzt ein Ratschlag an den jungen Schauspieler gut machen.«

»Es gibt keinen solchen Ratschlag. Da könnte man ebensogut einem Kind sagen, es solle fünfzig sein, wenn es gerade erst geboren ist. Man kann niemandem etwas raten, man kann nur von seinem eigenen Fall erzählen – und sowieso, wenn wir ehrlich sind, unser eigener Fall interessiert uns doch viel mehr als die Angelegenheiten anderer.

Nach schön, ich werde sterben, wie ich geboren wurde – sehr nachdenklich, voll ennui. Das ist die einzige großartige Eigenschaft. Ah, der Buddhismus, China, Persien – Rassen des ennui, keine menschlichen Rassen. Die Weltgeschichte ist nicht eine der Eroberungen gewesen, wie angenommen wird; sie war eine des ennui. Weshalb verlieben wir uns denn? Weil wir voller ennui sind. Weshalb fallen wir denn hin und brechen uns Arme und Beine? Aus ennui. Weshalb werden wir krank und bleiben stundenlang bewußtlos? Ennui, meine Liebe. Ennui treibt uns in den Tod, ennui treibt uns durch die Welt, und ennui nimmt uns wieder von ihr. Wenn das nicht so wäre, glauben Sie denn auch nur einen Moment lang, daß wir es uns gestatten würden, uns zu verlieben, nachdem wir einmal gehört haben, was das für Auswirkungen hat? Sie bilden sich doch wohl nicht etwa ein, daß wir auf dem Schlachtfeld kämpfen würden, wenn es keinen ennui gäbe, wo wir doch genau wissen, daß uns der Tod erwartet? Der einzige Fehler, den wir machen, ist, daß wir uns dem ennui nicht unterwerfen. Wir kämpfen gegen das Wort an, aber nicht gegen die Tatsache. Die bedeutendsten Menschen haben sich davon knechten lassen. Fallen, meine Liebe, heißt sich der Schwerkraft unterwerfen, loslassen, und alle sogenannten bedeutenden Ereignisse der Geschichte sind eine Reihe solcher Fälle gewesen. Napoleon stieg nur empor, weil er einen bedeutenden Fall höher einzuschätzen wußte als einen aus niedriger Höhe. Das ist der wahre Antrieb zu allen möglichen Formen von Ehrgeiz. In fünf Jahren werde ich aller Wahrscheinlichkeit nach eine sehr berühmte, wunderbare Schauspielerin sein. Ich weiß den Wert eines anhaltenden Falls zu schätzen; ich bin eine Ober-Ennuierte, wenn ich mir diese Neuprägung erlauben darf.«

»Bitte etwas rascher durch Ihre Jugend, Helen!«

»Für mich ist Boston meine Jugend. Dorthin ging ich, um Vortragskunst zu studieren. Ich war mir sicher, daß Rezitationen meine große Stärke waren. Dann hatte ich meinen ersten Auftritt vor einem Club in Brooklyn. Noch heute sehe ich die höflichen, gefrorenen Gesichter in den vorderen Reihen vor mir und spüre das allgemeine Mitgefühl, von dem alle ergriffen waren. Ich war verzweifelt – und genau in der Mitte von das ›Das tapfere Haus Tarquin soll kein Unrecht mehr erleiden‹, wußte ich, daß das mein erster und letzter Auftritt vor welchem Publikum auch immer gewesen sein würde, jedenfalls, was derlei Ambitionen anging. Dann dachte ich nach, fühlte ich. Ich heiratete; ich brachte meine Jugend in frühem Alter hinter mich, weil die Jugend das Alter ist, wo Denken und Fühlen am meisten Raum beanspruchen, und ich wollte handeln.«

»Jetzt Ratschlag geben!«

»Ja, also, ich würde jungen ehrgeizigen Frauen raten, zuerst ihr Leben zu leben, ihre seelische Schulung rasch hinter sich zu bringen und ihr Nachdenken und ihre Lektüre zu erledigen. Dann, danach, kommt die Zeit für die ruhige, seelisch unbeteiligte Beobachtung – eine Schlange –«

»Etwas früh für die Schlange, würde ich sagen.« »Nein, auf keinen Fall, lassen Sie die Schlange hier ins Spiel kommen. Was ist das Faszinierende daran, wenn man eine Schlange beobachtet?«

»Also was?«

»Die Schlange – ergo – da sieht man es, ihr philosophiert über das Leben, ihr bringt alles durcheinander mit eurer Malerei, euren Wandbehängen und eurem Weihrauch. Und so verdorrt das junge Amerika, wie zuvor das junge Frankreich oder das junge Deutschland – das heißt, der Teil dieser Länder, der dieser Sache überhaupt ergeben war. Oscar Wilde und ein paar unbedeutendere Dichter und Poseure kamen noch einmal so durch, doch am Ende verlieren die weniger Gekünstelten ihr ganzes Talent. Ihre Flinkheit läßt ihnen nichts übrig als Eingängigkeit, und dahin ist die Glückseligkeit auf alle Zeiten. Und wenn man sich nun die Schlange ansieht, die doch ein wenig Baudelairescher und Wildehafter ist, als sonst jemand das sein kann, dann stellt man fest, daß die Schlange letztlich Leben, Veränderung ist und in allen ihren Zuständen ein bißchen bemerkenswerter, als solche Künstler das je sein können. Ich sage, geht ins Leben, studiert das Leben. Setzt euch auf einen Bürgersteig und betrachtet den Rinnstein, die Programmplakate, die Straßenkehrer, die Fußgänger, was auch immer – doch tut auf jedenfall eher das, bevor ihr nach Chinatown rennt, um Stickereien zu kaufen.«

»Sitzen Sie oft auf dem Bürgersteig, Miss Westley?«

»Das tue ich. Wenn die Ärzte Bürgersteige verschreiben würden statt Pillen und heißes Wasser, wieviel besser ginge es uns dann!«

»Wirklich, Sie haben einen Schmutzkomplex, wie Freud sagen würde.«

»Ja, einen Schmutzkomplex. Ist Schmutz nicht etwas Herrliches? Das klingt nach Hermione, doch ich finde das wirklich. Sie sagt solche Sachen, weil sie so reinlich und ordentlich und selbstgefällig ist, und ich sage so etwas, weil ich schmuddelig und großzügig und bemerkenswert und subtil bin.«

»Kommen Sie mit wirklichen Schwierigkeiten zurecht?«

»Absolut. Man gebe mir Verzweiflung, und ich bin in meinem Element. Man gebe mir Kummer, und nur dann sind meine Schultern meiner wert – beim Verzicht, beispielsweise. Wo habe ich denn diesen Trick mit der halbabgewandten Schulter, den kalten, halbgeschlossenen Augen wohl gelernt? Durch die Begegnung mit Kummer und Schwierigkeiten. Es gibt nichts Besseres, um eine gute Figur zu kriegen und biegsam zu werden; es ist besser als Tanzen oder Schwimmen. Ich komme überhaupt mit allem zurecht.«

»Und wie werden Sie mit dem Tod fertig?«

»Meine Liebe, legen Sie einen Leichnam vor mich hin, und dann – und nur dann – erreiche ich den göttlichen Höhepunkt meiner strahlenden Schlichtheit. Ich sage: ›Tout passe – ist sie gut gestorben?‹ Wenn die Antwort lautet: ›Nein, sie ist sehr schlecht gestorben und ohne hauteur und finesse‹, dann sage ich: ›Erlauben Sie mir, daß ich ihr Verhalten einen Augenblick lang mißbillige‹. Wenn die Antwort hingegen lautet: ›Und wie! Sie ist so still und vornehm dahingeschieden, wie eine Dame ihre Handschuh ablegt‹, dann werde ich mit einer entsprechenden Geste sagen: ›Tragen Sie sie fort. Für sie gibt es nichts mehr zu lernen.‹«

»Und wenn Sie etwas freut, wie reagieren Sie darauf?«

»Ich lache ein bißchen und schaue mich dabei um, um dafür zu sorgen, daß niemand anderes ein bißchen besser lacht als ich.«

»Sie sind eine schlaue Frau, Miss Westley.«

»Das stimmt, doch erst während der letzten – drei oder fünf – Jahre habe ich wirklich zu mir selbst gefunden. Apropos, Armut ist etwas Schreckliches.«

»Inwiefern?«

»Sie hängt einem einen schwarzen Vorhang vor die Seele und hinter den Körper einen ebenso schwarzen und stürzt damit das eine in die Finsternis und das andere in die Erleichterung. Das ist sehr schlecht für die Entwicklung der Persönlichkeit.«

»Dann haben Sie also darunter zu leiden gehabt?«

»Oh, ja, und ich bin daran nicht gewachsen. Ehe ich nicht wußte, wo meine nächste Mahlzeit herkommen würde, konnte ich nicht anfangen, diese nächste Mahlzeit zu ignorieren. Ich konnte an nichts anderes denken.«

»Was halten Sie denn von den amerikanischen Theatern?«

»Ich meine, daß unsere größten Aussichten bei den kleinen Theatern liegen, obwohl sich natürlich auch das reguläre Theater verbessert. Das kleine Theater gibt einem Menschen jedoch einen gewissen Antrieb. Ein unbekannter Schauspieler hat bessere Aussichten, als der unbekannte Bühnenautor sie hat, aus dem einfachen Grunde, daß der Schauspieler, so wie die Arbeit der kleinen Theater aussieht, nicht zu glänzen braucht und der Bühnenautor nur einer von drei oder vier Autoren auf dem Programm ist – so daß das Risiko des Mißerfolgs nicht in der Weise ins Gewicht fällt wie sonst, wenn der ganze Abend nur auf eine Aufführung zugeschnitten ist.«

»Verstehe.«

»Und dann ist da noch meine Zukunft – über die wollen Sie doch wohl auch etwas hören?«

»Ja, ich glaube, ich weiß, was die Zukunft für Sie bereithält.«

»Wirklich?« An diesem Punkt wandte Helen Westley mir ihre seltsamen Augen zu.

»Oh ja. Sie haben gesagt, sie seien in Brooklyn geboren worden – schön, dann werden Sie auch nach Brooklyn zurückkehren.«

»Sehen Sie darin meine Zukunft? Wie gräßlich!«

»Nicht so rasch. Brooklyn ist nur der Anfang Ihrer Zukunft; ich weiß mit Bestimmtheit, daß Sie dazu übergehen werden, Schals zu tragen und sich mit Wärmflaschen zu trösten.«

»Noch gräßlicher und immer noch gräßlicher!«

»Genau, doch das ist noch nicht alles – am Ende werden Sie wieder zu dem zurückkehren, womit Sie angefangen haben – zur Religion. Stimmt's?«

»Ja, das stimmt. Doch das wird nicht die übliche Religion sein, sondern irgend etwas Orientalisches und Mystisches.«

»Wahrscheinlich muß man seine religiösen Überzeugungen seiner Hautfarbe anpassen, und Ihre ist orientalisch.«

»Danke, Sie haben auch damit wahrscheinlich recht. Ja, Religion, doch es wird etwas Chinesisches sein – vielleicht der Buddhismus – oder sonst eine Religion, die einen Hang zum Okkulten hat. Religion ist das einzig mögliche praktische Ziel für mich.«

»Sehen Sie, ich hab's doch gewußt.«

»Sie haben bisweilen einen Riecher.«

»Danke. Was hat Sie eigentlich ursprünglich auf diese Bühnenlaufbahn gebracht – ich meine, nachdem Sie geheiratet und eine Familie gegründet hatten?«

»Ich weiß nicht. Wahrscheinlich war es das Leichteste für mich. Ich hatte vorher gespielt, also fing ich wieder zu spielen an. Vielleicht ist das nicht die großartige Aufgabe, für die ich bestimmt war. Die nächsten fünf Jahre werden es zeigen.«

»Was haben Sie denn sonst noch vor?«

»Naja, ich fange gerade an, die englische Sprache zu studieren. Vielleicht werde ich ja noch eine große Schriftstellerin wie die Russen oder vielleicht eine Künstlerin oder eine Denkerin – das kann man nie wissen. Ich habe mir ein Buch über geistige Störungen aus der Bibliothek geholt, doch was da drinstand, kam mir alles so natürlich vor, daß ich es wieder weggelegt habe. Mein Glaube an die Eitelkeit aller Dinge ist zu tief verwurzelt, als daß ich einen solchen Gedanken dauerhaft aufrechterhalten könnte – doch immerhin taugt er zum Zeitvertreib und verleiht einem das Gefühl der Kultiviertheit, während man sich damit auseinandersetzt. Dann habe ich noch andere Gewohnheiten – Schokoladenmandeln zum Beispiel – und Sie werden vermutlich meine Leidenschaft für Hafergrütze bemerkt haben.«

»Ja, die ist mir schon vor langer Zeit aufgefallen, als jemand auf Sie gezeigt und gezischt hat: ›Vamp!‹ – ich fand das sehr komisch.«

»Das ist überhaupt nicht komisch, da täuscht ihr jungen Leute euch gewaltig. Ihr denkt immer, Vamps müßten Zigaretten rauchen und Absinth trinken und von losen Zungen leben, während das Vamphafte in Wahrheit bei Haferbrei gedeiht. Es würde mich nicht im mindesten überraschen, wenn es seine Wurzeln in Haferbrei und Weizenflocken und solchen nahrhaften Dingen hätte, schließlich muß man ja auch ganz schön vital sein, um sich durchs Leben zu vampiren. Von nichts kann man das nicht.«

»Das war doch nur eine Falle – dann halten Sie sich also für einen Vamp?«

»Was verstehen Sie denn unter einem Vamp?«

»Jeden, der leichter eine Gewohnheit durchbricht als eine annimmt.«

»Dann bin ich in der Tat ein Vamp.«

»Na schön, beim Multiplizieren kommt am Ende sowieso immer ein Vamp heraus.«

»Wirklich, Djuna, Sie sind irgendwie eine ganz Schlaue, wie?«

»Ich bin nur etwas weniger verblendet als Sie, Helen.«

Sie mußte lachen. »Wir sind ein ulkiges Paar, wie wir hier sitzen und lauter Unsinn reden, finden Sie nicht auch?«

»Das stimmt.«

»Na, dann hören wir doch endlich auf damit.«

Helen Westley in »Sing and be happy«, 1937

»Wir können nicht – noch nicht. Ich muß mindestens noch drei weitere Seiten füllen.«

»Haben Sie sich Notizen gemacht?«

»Das brauche ich nicht. Mein Gedächtnis macht aus jeder Notiz automatisch einen Absatz.«

»Worüber sollen wir denn dann jetzt reden?«

»Worüber Sie Lust haben.«

»Sie könnten mich doch beschreiben und den Artikel auf die Weise beenden.«

»Das würde Ihnen zusagen, hm?«

»Ja, aber das haben sie schon zwei- oder dreimal gemacht, das darf ich also vermutlich nicht noch einmal erwarten. Herr Ober, die Rechnung bitte!«

»Ich frage mich oft, ob Sie zufrieden sind.«

»Da haben wir's also wieder – das ist das Ärgerliche an euch allen. Was ist denn Zufriedenheit, was ist denn Glück? Für mich existiert überhaupt nichts außer ennui, und das führt uns wieder nur an den Anfang unserer Geschichte zurück.«

»Kontemplation und so etwas?«

»Genau das – laß die Welt sich drehen und schau ihr dabei zu, das ist alles. Wir nehmen sie zu ernst. Nachdem alles vorbei ist und die Prozession vorbeigezogen ist, bleibt genau dasselbe übrig wie nach einem Karneval: ein bißchen mehr Staub, ein, zwei zerbrochene Flaschen und ein bißchen buntes Konfetti. Steht das denn dafür, daß man sich sorgt, bis man graue Haare hat und auf dem Totenbette liegt? Oh, wie eitel, wie eitel.«

»Trotzdem habe ich Sie schon laut schreien hören, weil Sie ein Taschentuch verloren hatten.«

»Weil ich der Prozession zum Abschied damit zuwinken wollte, weiter nichts.«

»Und sind Sie nun auch wirklich fertig mit dem, was Sie zu sagen haben? Denken Sie gut nach, denn für kein Blatt der Welt werde ich Ihre Worte nochmals aufschreiben – das ist Ihre letzte Chance!«

Ein Ausdruck, dem Grauen verwandt, kroch in Helen Westleys Augen.

»Das meinen Sie aber nicht ernst?«

»Doch.«

Nur einen Augenblick blieb sie stumm, dann lächelte sie liebenswürdig und sagte: »Unmöglich! Früher oder später geht Ihnen doch der Stoff aus – dann heißt es wieder: Auftritt Helen!« Sie lehnte sich behaglich zurück und kreuzte die Füße – schreckliche Zebrastreifen über Zebrastreifen.

So verharrte sie eine Weile und betrachtete sich dabei stumm im Spiegel.

»Wissen Sie«, sagte sie plötzlich, »ich bin wirklich die Vorlage für *The Sphinx*. Bin ich nicht wie ein seltener exotischer Marmorblock, der seit Urzeiten in einer althergebrachten, trostlosen Stimmung dasteht und eine unauslotbare Wüste überblickt?«

»Vielleicht schon, wenn Sie Ihre Blicke nicht soweit abwärts wandern lassen, bis sie schließlich auf den gräßlichen Zebrastreifen dort unten ruhen.«

»Gefallen die Ihnen nicht? Ich habe sie für dreißig Cents auf der Second Avenue gefunden – übrigens gibt mir das einen Anhaltspunkt für noch einen kleinen Ratschlag. Mehr Menschen, als das jetzt der Fall ist, sollten Kleider aus zweiter Hand tragen; da kann man die Garderobe einer Dame für den Hungerlohn einer Kellnerin haben.«

»Meine liebe Helen, Sie sind die einzige Frau der Welt, die diese Kleider anziehen kann und immer noch eingeladen wird. Sie sind die ins Alter gewandete Zeit.«

»Dabei bin ich doch eigentlich eine junge Frau.«

»Das ist eben Ihr großer Irrtum: Sie sind zehntausend Jahre alt und machen sich dadurch zur Schwachsinnigen, daß Sie ein paar Jährchen über dreißig sind. In Ihrem Fall ist das eine Unverschämtheit, Anfang dreißig zu sein – und eine Verleumdung. Wahrscheinlich kannten Sie Columbus, als er seine großartige Entdeckung in Erwägung zog, und zweifellos haben Sie ihm irgendwelche wertvollen Informationen gegeben, was die Position und den Wert besagten Landes betrifft.«

»Ja«, sagte sie langsam, »ich bin wirklich wunderbar.«

»Wenn Sie lachen, sehen Sie aus wie eine mephistophelische Eidechse – sehr unheimlich.«

»Wie ein Mannequin für Mäntel – sehr exklusiv.« Sie lachte wieder und zog sich unmögliche, weite und obendrein gelbe Handschuhe über.

»Ich habe nur einen Grund zur Klage«, sagte sie abschließend und langte nach einem zerschlissenen Regenschirm, »und zwar folgenden: Der Schauspielerberuf ist, gemessen an dem, was mein Gesicht alles zuwege bringt, kaum das Ideale, jedenfalls im Hinblick auf meine Erreichbarkeit. Ich bin zu weit weg vom Publikum, die Leute können meinen vollen Wert nicht abschätzen. Jede Linie, jeder Muskel bei meinem Mienenspiel ist eingehender Betrachtung wert. Ja, ich werde irgendeinen vertraulichen Umgang mit dem Publikum einführen müssen, so daß die Menschen, wenn sie sich vorbeugen, um zu fragen: ›Würden Sie uns dies oder das wirklich raten?‹ Bekanntschaft machen mit dem besonderen Wert meiner außergewöhnlichen und unverwechselbaren Züge. Adieu.«

Leichtfüßig trat sie auf die Straße hinaus, winkte ein vorbeifahrendes Taxi heran, setzte sich hinein, lehnte sich zurück und starrte mit blassen seltsamen Augen in die sich senkende Abenddämmerung.

September 1917

# YVETTE GUILBERT

◀ Yvette Guilbert

● Du kleines Monstrum! Du hast es geschafft, daß ich scheußlich aussehe!« schimpfte Yvette Guilbert angesichts des Portraits, das Henri Toulouse-Lautrec von ihr gemalt hatte. Die Guilbert war Gegenstand zahlreicher Zeichnungen und Karikaturen Toulouse-Lautrecs, auf denen er die große, magere französische Sängerin in ihrem üblichen Aufzug, einem gelben Kleid und langen schwarzen Handschuhen, abbildete. Die Handschuhe hatte sie ursprünglich aus Armut getragen, sie wurden dann jedoch zu ihrem unverwechselbaren Markenzeichen.

Die Guilbert trat als komische Sängerin in Paris in den Bouffes du Nord auf, in den bestrenommierten Nachtlokalen Deutschlands und Englands und in amerikanischen Varietés und wurde berühmt für ihre gewagten, mit Zweideutigkeiten gespickten Lieder über das Quartier Latin, die sie mit einer geradezu vergeistigten Unschuld sang.

Toulouse-Lautrec, »Yvette Guilbert grüßt das Publikum«, 1894

In späteren Jahren änderte die Guilbert ihr Repertoire und nahm auch historische Balladen und französische Bauernlieder auf, die sie mit großem Einfühlungsvermögen dramatisch interpretierte.

Mitte der Zwanziger Jahre begann sie, in Filmen aufzutreten, darunter in Faust (1926), L'Argent (1929) und Les Pécheurs d'Islande (1935). Yvette Guilbert starb 1944 in Aix-en-Provence.

## YVETTE GUILBERT

Das Zimmer ist nicht groß. Der Geruch von Großstadtherbst liegt in der Luft. Nicht von der Art Herbst, der Tod und Niedergang und das Austrampeln verglühender Blumen mit sich bringt, sondern der Geruch dieser Art von Manhattan-Herbst, in den mit rosafarbenen und purpurner Üppigkeit mit einem Mal fremde Blumen einbrechen: der Frühling des Jahres für Treibhausblüten.

Der rosa Sessel aus grauem, emailliertem Holz steht auf einem Teppich, der mit seinen rosa Farbschattierungen noch ein wenig opulenter wirkt. Der hohe Wandschirm mit seinen falschen federgeschmückten Vögeln und seinen prächtigen rostroten Dahlien ist gerade so weit zur Seite gerückt, um das Portrait einer kleinen Pariserin sehen zu lassen, die, weißgekleidet und mit geschwungenem Strohhut, ihren Rock gerade so weit lüpft, wie die bewußte Koketterie, die jeder sichtbaren Fessel vorangeht, es erfordert, und einem Herrn zulächelt, der sich aus dem Fenster lehnt, soweit das Gitter das zuläßt.

Plötzlich ist der Stuhl in Rosa und Grau ausgelöscht, sind der Wandschirm und die Grisette vergessen, denn Madame Guilbert ist ins Zimmer gefegt gekommen und beugt sich vor, die beiden weißgewandeten Arme auf die Glasplatten des Tisches gestützt.

Sie ist eine große Frau mit kleingelocktem blondem Haar. Ihre Jahre haften ihr eigentlich auf eine freundliche Weise an, eher wie eine Dekoration und nicht wie eine Kalamität, eher wie eine Freundschaft zwischen ihr und dem Leben.

Ihr Lächeln ist flink und breit. Ich weiß noch, daß ich sie irgendwann einmal etwas mit ›Hagebutten und Hagedorn‹ als Refrain singen gehört habe, und jetzt, als ich sie zehn oder zwölf Jahre später anschaute, sah ich dieselben intelligenten Augen, dieselben beweglichen, aber schmalen Lippen und die große, leicht stupsige, schlaue, zynische Nase, und ich wußte, wo immer diese Sängerin sich gerade aufhielt, konnte man sich nur zu Hause fühlen.

Es ist unmöglich, ihre englische Aussprache festzuhalten und zu Papier zu bringen; es ist keine Frage von Buchstaben, sondern gänzlich eine der Kehle, und zwar der Kehle ziemlich weit hinten. Folglich unternehme ich auch keinerlei Versuch.

»Manchmal denke ich«, sagte sie und beugte sich vor, »daß die Welt überhaupt niemanden versteht. Der Künstler hat, gleich, in welchem Lande, so viele schreckliche und erbärmliche Stunden durchzustehen, und falls ihm endlich irgend jemand seine Aufmerksamkeit schenkt und ihm eine Chance gibt, dann nur, um ihn gründlich mißzuverstehen.

Sie fragen mich nach meinen Liedern; Sie sagen: Madame Guilbert, finden Sie es nicht schade, daß Sie nicht mehr die pikanten Liedchen singen können, die Sie früher gesungen haben – ah!« Sie wirft die ausdrucksvollen Hände empor, preßt die Lippen zusammen und senkt den Kopf. »Ach je, daß jemand so etwas sagen kann, daß irgend jemand mich in dieser Weise mißverstehen kann. Das waren keine frechen Lieder, Mademoiselle, sie waren das Leben selbst. Das waren Blumen, die aus dem Rinnstein in den Himmel geschossen waren; das waren Strähnen vom Haar des Märtyrers, die über die Jahrhunderte hinweggeweht waren; sie waren Tropfen Herzblut; sie waren menschliche Leidenschaft und allzu menschliche Vergeßlichkeit. Denn, ach, ach, die Welt vergißt zu rasch und zu leicht.

Nein, Mademoiselle. Sie waren respektos und sie waren sarkastisch und sie waren scharfzüngig – gewagt waren sie nie. Sie waren das kleine Federmesser, mit dem man der Bosheit und dem Betrug das Handgelenk ritzt – das und mehr nicht.

Ich bin keine Tragödin und auch keine Schauspielerin mit seelischem Tiefgang, die sich das Haar ausrauft, wenn sie eine Wahrheit lehrt. Derlei Dinge kann ich nicht leisten, doch dies andere kann ich. Ich möchte wie Pierrot sein,

den Narren spielen, die Lustige, und wenn ich lache, soll es sein, als weinte ich, und wenn ich lebe, als stürbe ich. Wenn ich mir eine einzige Haarsträhne ausreiße, soll das sein, als risse ich sie mir alle aus; wenn ich nur ein einziges Mal den Kopf schüttele, soll es sein, als nehme irgendeine Hand die gesamte Menschheit bei den Handgelenken und schüttele sie auf alle Zeiten aus dem Leben heraus.

Wenn ich diesen Winter in dem neuen französischen Theater auftrete, dem Théâtre du Vieux Colombier, werde ich einen Pierrot geben, den ich auf den Gedichten von zwei brillanten Männern aufgebaut habe, und dann werde ich euch allen beweisen, daß der Pierrot zwar eine heitere Blüte ist, seine Wurzeln jedoch tief reichen und sich um den ewigen Leichnam der Welt winden, wie ein Band um ein schönes Geschenk geschlungen wird.«

Sie lachte und warf ihren prächtigen Kopf zurück, und plötzlich wußte ich, daß sie schön war: das verschmitzte Lächeln, die hellen Augen, der sensible Schwung der Nase. Im Umgang mit diesen Dingen ist Madame Guilbert genauso schlau wie im Hinblick auf ihre Lieder.

»Ich versuche immer, irgend jemandem ein paar Dinge beizubringen. Ist das nicht albern, ja, unmöglich? Ich weiß nicht. Wissen Sie, ich war meiner Zeit zehn Jahre voraus. Es war mir darum zu tun, die Falschheit durch Wahrhaftigkeit zu zerstören, und die Zukunft wird erleben, wie derlei Dinge unter Beschuß geraten, und nicht nur als solche, als Fakten, sondern auch in ihrem Geist.«

»Wissen Sie«, fuhr sie fort und brachte die Hände nach einer unvollendeten Geste schließlich wieder zurück auf den Tisch, »wir müssen einander besser kennenlernen, Amerika und Frankreich. Wir haben immer schon Fehler bei der Einschätzung des anderen gemacht. Ihr meint hier, wir seien frivol und schlüpfrig und trivial, und wir denken von euch, ihr seid Frohnaturen und dabei grausam und unwissend. Wir stellen uns unter euch Frauen der besseren Gesellschaft vor, die die Blumen auf ihre Korsage abrichten, wie wir die Blumen die Veranda hinaufzwingen, die kleine Hunde herumtragen und die ihre Zeit müßig vertun. Jetzt ist es an der Zeit, daß wir erfahren, wie es im Innern der anderen aussieht. Wir sind Verbündete, die für dieselbe Sache kämpfen, und sollten im Leben keine Fremden für einander sein, wenn wir im Tod so gute Kameraden sein können.

Das Théâtre du Vieux Colombier ist ein solcher Versuch – ein Medium, wodurch wir uns selbst und euch vielleicht besser kennenlernen können als durch irgend etwas sonst. Aber ach –«, wieder warf sie die Hände in die Luft, »was soll man denn da ausrichten, wenn ihr nach wie vor darauf besteht, daß unsere Schriftsteller ›frivol‹ sind und unser ganzes Leben überhaupt ein bißchen, wie es nicht sein sollte? Doch ich sage Ihnen –«, und an dieser Stelle ließ sie die Faust auf die Tischplatte fallen, »es gibt nicht ein einziges unanständiges Lied in Frankreich und auch keinen einzigen unmoralischen Dichter.«

»Erzählen Sie mir etwas über Frankreich«, sagte ich.

»Ach, Frankreich – kann man darüber überhaupt sprechen?« Sie senkte langsam die Lider und blickte auf ihre Hände nieder. »Wissen Sie, ich habe einiges an Briefen bekommen, viele Briefe von den poilus[1] – ich bin Patin von vielen von ihnen. Ach, Mademoiselle, was für Briefe, was für Briefe! Einer schrieb mir: ›Ich hatte gehofft, mir einen oder beide Daumen erhalten zu können, um Knöpfe zu drücken, wenn ich aus dem Krieg zurück bin, doch, Madame, glauben Sie mir, sie sind beide tot. Sie werden nichts mehr drücken. Ich bedaure es sehr. Es gibt so viele Dinge, die ich nie wieder werde tun können.‹ Und ein anderer – ein Mann, der seine Beine nicht bewegen kann und an der Stelle des einen Auges nur noch eine blinde Furche hat –, er sagte: ›Macht nichts, ich kehre in den Schützengraben zurück, wenn sie mich lassen.‹«

Auf dem Tisch waren zwei nasse Flecken, und Madame Guilbert legte still die Hände darüber. »Und da sind noch

# YVETTE GUILBERT

Plakat für eine Tournee, 1901

andere, Mademoiselle, viele andere. Nein, die sagen nicht: ›Ah, die Deutschen, wie wir die hassen!‹ Sie sagen statt dessen gar nichts. Man kann nichts sagen, man kann nur sterben. Europa ist ein riesiges Feld voller Splitter, und diese Splitter bewegen sich. Manche davon haben noch Augen, manche haben noch Münder, manche Hände, andere Füße: Doch sie sind schrecklich weit verstreut. Sie liegen in allen vier Ecken der Erde und türmen sich langsam empor, und überall ist das so, als sammelte sich der Staub in einem entlegenen Winkel.«

Sie schaute aus dem Fenster und hatte den Kopf abgewandt. »Einer von ihnen hat zu mir gesagt: ›Es hat eine Parade gegeben, eine Wohltätigkeitsparade oder so etwas – Sie waren nicht da, doch das ist ganz in Ordnung. Wir wußten ja, wie konnten Ihnen trauen, wir wußten, Sie würden sich nicht als Karnevalspatriotin verkleiden.‹«

Sie wiederholte das und lachte ein hartes, kurzes Lachen. »Ach ja, Mademoiselle, so sind unsere Männer; sie können keinerlei Heuchelei mehr vertragen – keine Lügen, nichts Falsches mehr. Mein Gott! Wenn irgendwer überhaupt wissen kann, wo die Dinge anfangen und enden, dann sind sie es.«

»Wann wird es zu Ende sein?«

Sie wandte sich mir zu. »Haben Sie Le Feu[2] gelesen? Der Mann hat die Wahrheit gesagt – er weiß Bescheid. Wir, die wir nicht Bescheid wissen, sollten uns still verhalten, sollten ruhig sein. Alles andere beleidigt nur unsere Toten.«

»Und womit wird das alles einmal enden? Wird es eine Revolution geben, oder wird sich nichts ändern?«

»Es wird eine gewaltige Wiederbelebung der Religiosität geben, Mademoiselle, man braucht Gott.«

»Meinen Sie in Form der universalen Brüderlichkeit, ohne Revolte?«

»Ich weiß es nicht. Ich weiß nur eins, und zwar, daß man es nach allem, was passiert ist, nicht mehr wagen wird zu hassen.«

»Und sehen Sie irgendwo irgend etwas, das auf einen Aufruhr hinweist?«

»Ich sagte Ihnen ja, ich weiß es nicht. Ich vermag nicht recht zu sehen, wo da noch irgendwelche Energie für die Revolte herkommen soll. Dazu muß man zornig sein, und die Menschen sind schrecklich müde.«

YVETTE GUILBERT

Yvette Guilbert und Emil Jannings in »Faust«, 1926

»Aber die Liebe aus Erschöpfung ist doch keine dauerhafte Liebe.«

»Sie wird mehr sein als das – unendlich viel mehr als das. Aber das können Sie, die Sie nicht dort gewesen sind, nicht wissen.«

»Doch, ich denke, ein paar von uns wissen schon Bescheid – die, die genügend Intelligenz besitzen.«

»Ach ja«, ihre Augen funkelten bissig, »was Sie nicht sagen! Mit Hilfe der Intelligenz läßt sich sogar die Dummheit verstehen: mit Hilfe der Intelligenz hätte Europa diesen Krieg ohne einen einzigen Toten führen können.«

Sie fuhr fort: »Nein, nein, nein, nach dem, was geschehen ist, wird kein lebender Mensch mehr derselbe sein wie zuvor. Gehen Sie doch durch das ›Gesichtskrankenhaus‹, da sehen Sie das ›Ding‹ dort liegen, eine rote schiefe Ebene als Gesicht – aus dem an der Stelle, wo der Mund sein sollte, ein wenig Speichel herausrinnt und Blut – ein Querschnitt aus Fleisch. Da gibt es keine Ohren zum Hören, doch sie haben alles gehört; da gibt es keine Augen, doch dieser Körper, den wir zum Dank für seine Aufopferung als

›Ding‹ bezeichnen, sieht alles; und seiner Lippen beraubt, spricht er mit einer derartig donnernden Stimme, daß man ihn bis ans Ende der Welt hören muß.

Man hat seine Eltern und Kinder, Ehemänner und Geliebten dabei. Im Frieden mag man ein Individuum sein, doch in Zeiten wie diesen ist man nichts als das Fleisch gleich neben der Wunde.

Wissen Sie«, sagte sie, »ich bin ziemlich wütend auf Ihre Gesellschaft, auf die Frau der guten Gesellschaft. Die wissen so gar nicht, wie man sich zu benehmen hat. Die gehen davon aus, daß Geld alles ersetzen kann, und sollten doch längst entdeckt haben, daß man mit Geld alles bezahlen kann, sogar eine gute Erziehung.« Sie lachte gutmütig, sehr großzügig und nachsichtig. »Ich habe immer lustige – wie sagen Sie doch noch – ja, Zusammenstöße mit der guten Gesellschaft, wenn sie als Wohltäterin auftreten möchte und nicht genügend im Bilde zu sein scheint, um nun einfach die entsprechende Summe aus der eigenen Tasche hinzulegen, statt dies ganze Geschrei und dies ganze Theater wegen ein paar Dollar zu veranstalten. Doch, naja«, sie zuckte die Achseln, »man muß wohl Mißgeschicke in Kauf nehmen, oder wo sollten sie ihre ›Benefizveranstaltungen‹ sonst herbekommen?«

Sie beugte sich hinab und griff sich ein paar Manuskriptseiten, in denen sie zu blättern begann.

»Ich habe nicht wenige Lieder im Leben komponiert, Mademoiselle, und kam damit sehr gut zurecht und fand offenbar Anklang. Doch vor kurzem habe ich zwei Künstler entdeckt, die ich furchtbar gerne singe: Rictus und Laforge. Ein Gedicht – ah, es ist glänzend, großartig – richtet sich an Christus. Er sagt zu ihm: ›Weine nicht, alter Junge, wenn dir auch gar nichts anderes übrigbleibt.‹ Ah, ah, ah, solche Männer wie diese sind in allen Ländern gleichermaßen dazu bestimmt, am Hungertuch zu nagen und todtraurig zu werden – und dann voller Verständnis, aber unverstanden, zu sterben.«

»Und was ist mit dem Künstler in Amerika?«

»Wenn ihr Amerikaner dem Dasein gegenüber nur Langmut aufbringen würdet, wäre alles gut, doch das tut ihr nicht. Alles Wirkliche schockiert euch. Natürlich nicht alle. Ich meine die Masse, die arme tragische Masse. Wann werden sie weise sein – werden sie es jemals sein?«

Sie stand auf. »Und jetzt, Mademoiselle, lassen Sie mich sehen, was Sie gezeichnet haben.« Sie trat hinter mich, legte mir den Arm um die Schulter und sagte:

»Das ist wie eine Antiquität, ein Holzschnitt. Vielleicht ähnelt es mir, vielleicht aber auch nicht.«

»Nein«, ich schüttelte den Kopf, »irgend etwas stimmt nicht.«

»Es ist die Nase«, sagte sie und stupste sie ein wenig nach oben. Sie lachte. Sie entfernte sich wieder, die Hände auf den Rücken gelegt.

»Und finden Sie als Künstlerin denn im Leben irgend jemanden, der Sie versteht?« wollte sie wissen und sah mich forschend an.

»Ja, ja, ich verstehe«, sagte sie, wieder mit diesem raschen Lächeln, und indem sie mir wieder die Hand auf die Schulter legte, setzte sie hinzu:

»Es ist doch schön, nicht?, selbst wenn es nur einen einzigen gibt, der einen wirklich versteht.«

*November 1917*

---

1. Poilus: Soldaten im Felde (frz.).
2. *Le Feu* (dt. *Das Feuer*): Roman von Henri Barbusse. Eines der meistgelesenen Bücher über den Ersten Weltkrieg.

DIE MODELLE EROBERN
DIE STADT ODER:

KIKI VOM MONTPARNASSE

## KIKI VOM MONTPARNASSE

◀ Kiki. Foto von Man Ray, 1922

● Kiki vom Montparnasse (bürgerlich: Alice Prin) ist heute vor allem als Modell und Geliebte des Dada-Künstlers Man Ray bekannt. Als Man Ray sie kennenlernte, arbeitete sie bereits als Modell am Montparnasse und trat als Sängerin frecher und erotischer Volkslieder im Nachtklub Le Jockey auf. Sie war es auch, die Man Ray mit der Künstleravantgarde vom Montparnasse bekannt machte und ihn zu etlichen seiner wichtigsten und schönsten Fotos, Filme und Bilder inspirierte.

Die berühmteste Fotografie Man Rays von Kiki ist Violon d'Ingres aus dem Jahre 1924, auf dem die turbantragende Kiki ihren ansehnlichen, entblößten Rücken inklusive dessen Verlängerung feilbietet, lediglich von zwei aufprojizierten Violinschlüsseln dekoriert, womit Man Ray die Ingres-Vorlage (Das türkische Bad) sowie Ingres' Freizeitvergnügen (Violine zu spielen) persifliert.

Kiki machte auch in Man Rays erstem Film mit, dem satirischen Emak Bakia, tanzte darin Charleston und beeindruckte vor allem durch ihr exzentrisches Augen-Make up: ein auf ihre Lider aufgemaltes Augenpaar, das beim Augenaufschlag langsam verschwand.

Nach der Trennung von Man Ray (1931) war Kiki mit dem Journalisten und Karikaturisten Henri Broca liiert, der ihre Memoiren mit Reproduktionen ihrer Bilder in Frankreich herausbrachte. Das Buch sollte ebenfalls in den USA erscheinen, Ernest Hemingway hatte bereits das Vorwort verfaßt. Doch der amerikanische Zoll beschlagnahmte das Buch, es kam auf den Index.

Kiki, die aus einem kleinen französischen Dorf in Burgund stammte und die zeitlebens öffentlich davon träumte, dorthin zurückzukehren, um »Schweine zu züchten«, starb am Montparnasse, kurz nach dem Ende des Zweiten Weltkriegs.

Die anderen Modelle, die in dem Interview erwähnt werden, Bronja und Tylia Perlmutter, kamen 1923 aus ihrem Geburtsland Polen. Sie saßen u.a. Moishe Kisling und Nils Dardel Modell. Bronja spielte in Francis Picabias Cinesketch (Uraufführung: 31.12.1924) die Eva, Marcel Duchamp den Adam. Bronja heiratete kurz darauf den französischen Filmregisseur René Clair.

Das Leben«, murmelte Kiki, »ist au fond so begrenzt, so ohne Möglichkeit zu neuen Frivolitäten, so diabolique« – sie hebt ihre Mandarinaugen, mit Kohlestift abgeschrägt – »daß man im Besitz einer Maus sein muß, einer kleinen weißen Maus, n'est-ce pas, um sie zwischen Cocktails und thé umherlaufen zu lassen.«

Das meistbegehrte Modell vom Montparnasse hält das kleine, warme, flinke Etwas, das sie auf ihren rotlackierten Fingern trägt, in Richtung Boulevard Raspail, wo es ohne Vorurteile und ohne etwas über die Annehmlichkeiten von ›Gut und Böse‹ zu wissen, mit aufmerksamen, funkelnden Augen alle Menschen anstarrt. Eine Andeutung der gleichen Unbekümmertheit ist in den Augen von Kiki zu finden, die mit anderen reizvollen Modellen kam und Frankreich eroberte.

In alten Zeiten war ein Modell nur ein Modell; sie brach die Herzen der Männer, nicht aber ihre Konventionen; sie stand stundenlang wortlos auf ihrem Podest, während der Maler sie maß und ihre Proportionen nahm, um sie für die Herbstausstellung auf die Leinwand zu bringen.

Doch die Zeiten haben sich geändert. Das Modell ist nicht länger das Monopol dessen, der mit Farbe umgeht. Auch Musiker und Schriftsteller sind unter den Einfluß des ›persönlichen und lebendigen Zaubers‹ der Modelle geraten. Musiker engagieren und arrangieren sie in Oktaven und Themen. Ein Mädchen, sagen sie, kann das Tempo einer Oper jederzeit verändern; ein Triller kann zu einem Grabgesang werden, ein Grabgesang zu einem Kriegslied, ein Kriegslied zu einer Sonate; eine Tragödie zu einer Komödie, eine Komödie zu einer psychologischen These und eine Predigt zu einem – Bekenntnis!

Es ist sogar so weit gekommen, daß eine Gruppe der vier Künste, die sich selbst ›Super Realisten‹ nennt, geschworen hat, für alle Zeiten auf die Inspiration zu verzichten, es sei denn, diese Inspiration käme von den ›belles femmes‹, weshalb das Modell Anspruch auf ihre bisher zweitrangig gehandelte Persönlichkeit erhebt. Sie will nicht länger décor sein, sondern Akteurin.

Und zu alledem braucht sie auch noch ihre Kaprice. Für Kiki ist es eine weiße Maus, für andere ein winziges Äffchen, das nicht größer ist als der eigene Sinn für Humor; ein oiseau jaune, ein halber Meter Schlange, und für andere der Kintopp.

Dank Kiki ist Man Ray eines seiner besten Bilder gelungen. Sie stürmte in den Raum, so dunkel, so bizarr, so tückisch treulos und rief aus: »Niemals wieder wird Kiki genau die gleiche Sache an drei aufeinanderfolgenden Tagen machen, niemals, niemals, niemals!«, so daß er blitzlichtartig in den Besitz der Erkenntnis von der Beschaffenheit aller unberechenbaren Wesen gelangte.

Sie hielt Wort, stürzte sich ins Filmgeschäft und erschien in der Galerie de Monstres mit Caralin, im Inhumaine mit Georgette Leblanc Maeterlinck und ein paar Abende später auf den Brettern des Gaiety – nur um dann das Gaiety, das Inhumaine und die Galerie de Monstres zu verlassen, wie sie Man Ray verlassen hatte!

Die Malerei, die Schauspielerei, Poiret, Lanvin und überhaupt die ganze Welt langweilten sie. So ging sie in Klausur und entwarf ein Kleid, das dem Quartier Latin den Atem stocken ließ.

Wollte sie nicht mit jemandem reden? Nein. Sie lacht und sprudelt rebellische französische Wortkaskaden heraus wie ein unaufhörlicher Springbrunnen auf einem lauten Großstadtplatz und überbringt ihre Ansichten ihrer Maus: Bâte! Toujours infidèle, vous avez blessé mon cœur? Non, ganz gewiß non! Mein Herz schlägt ohne Rücksicht auf Dich weiter! Voilà! Laß es schlagen, das amüsiert, und das ist so – wie sagt man doch – so persönlich, so französisch, so sehr ich!«

Aus Holland kommen die beiden winzigen Schwestern Bronja und Tylia, achtzehn und zwanzig. Sie sprechen vier Sprachen und haben Marie Laurencin, Prinzessin Lucien

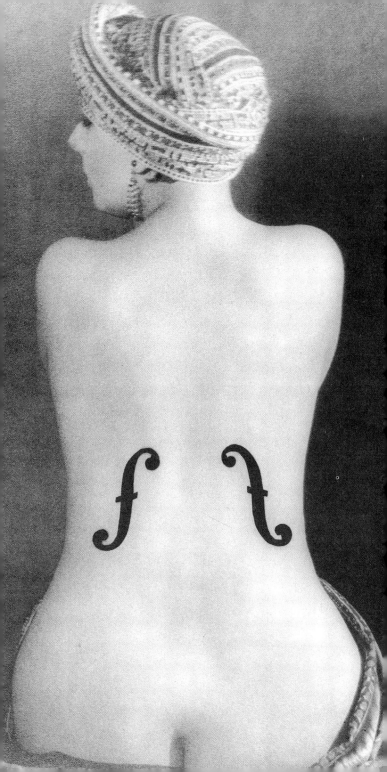

Murat und Boussingault Modell gesessen. In der Tat machte Boussingault eine umfassende Ausstellung über Tylia. Diese Schwestern waren ebenfalls in den Kinos zu bewundern, aber das ist nicht alles. Sie sind ein Teil der Bewegung Cigale, dem Bœuf sur le toît[1]. Für das Cigale sind sie der entzückendste Teil des Publikums, denn sie wissen von jedem, wie er ›den Sprung geschafft hat‹. Cocteau nennen sie ›Jean‹; und sie unterhielten sich mit Radiguet, als er sein Monokel fallen ließ und wieder aufsetzte, in jenen Tagen vor seinem Tode. Sie tanzten zum Rhythmus des Dschungels, den ein ›Rabenschwarzer‹ auf der Trommel schlug. Sie saßen in ihren Capes an der Bar und tranken Yvette und Menthe allein der Farbe wegen und diskutierten über belgische Poesie mit dem Barkeeper. Man hörte sie auch zu Marcel Herrand, dem ›Romeo‹ von Cocteaus *Romeo und Julia* sagen: »Ein hoher Spitzenkragen und eine Trikothose, und schon ist man fast ein anderer. Ist es nicht so?«

»Amerika!« – Tylia öffnet ihre Augen, seufzt und zündet ihre zehnte Zigarette an. »Amerika ist für mich die einzige volupté. Warum? Weil auf allen Bildern, die ich von Eurem amerikanischen Leben sehe, alles so symmetrisch angeordnet ist. Die Züge haben viel Raum, der Raum ist voller Gebäude und Eure Gebäude sind voller Geld. Ist es nicht so?«

Wenn Sie ihr sagen, daß es nicht so ist, wird sie Ihnen nicht glauben, denn das Modell von Neunzehnhundertvierundzwanzig besteht darauf zu glauben, was ihr gefällt. Aus diesem Grund hat man sie auch für den Kubismus verantwortlich gemacht. War es nicht sie mit ihrem Pfauengelächter, die alte Normen in tausend Stücke zerschlug und die Kuben und Winkel salonfähig machte? War es nicht sie mit ihrem Übermut, die die bildende Kunst ins Fieber stürzte und sie rettete in die Gesundung zum Futurismus? Alle sagen, daß es so war, doch damit nicht genug. Es ist mehr als ein Gerücht, daß die ›freien Verse‹ von ihr

›befreit‹ wurden; daß sie das Establishment in ihren wirbelsturmartigen Streifzügen aus den Angeln hob, es vom Staub befreite und ihm neue Maßstäbe setzte.

Sein könnte es jedenfalls, denn sie ist, wie Oscar Wilde sagt, ›keine ernste Absicht‹. Nein, sie ist herrlich belanglos, auf großartige Weise unzusammenhängend, triumphierend trivial.

Fragen Sie La Choute, Liebling der Quartz-Arts und Metzingers Muse, mit ihrer spanischen Mantilla und ihren unwiderruflichen Augen; fragen Sie Susanne, fragen Sie die Königin vom Montparnasse, Mademoiselle Michelin, die die Frisur von Cléo de Mérode trägt; fragen Sie Yvette, Revuegirl bei den Follies und Athletin; fragen Sie Myrka mit ihrem Turban, die von den sonnenüberfluteten

Westindischen Inseln stammt, die, wie die Maler sagen, genau die richtige Seite des Obskuren zeigt. Fragen Sie, wen Sie wollen, und alle werden antworten: »Mais oui!«

Wie sie leben? Genau wie Sie und ich. Und wie leben wir? Sagen wir es denn?

Sie sehen sie nie vor zwei Uhr nachmittags. Vielleicht ist das Ihr Fehler, denn stehen Sie jemals vor zwei Uhr auf?

Wenn Sie Ihren Kaffee trinken (genauso tödlich wie der Degen eines D'Artagnan), Ihr petit pain essen (so hart wie das Herz einer Frau) und Ihre Augen erheben, treffen sich eure Blicke. Sie lächelt ein wenig und Sie lächeln zurück. Sie werden sie nicht vor dem Abendessen wiedersehen, wo sie just in dem gleichen Café sitzt, das Sie immer aufsuchen, und ihren Cognac oder ein helles Bier trinkt und schreckliche französische Zigaretten raucht. Sie treffen sie im Bois, Sie gehen ins Theater, und während Sie im Begriff sind, einer Pointe zu applaudieren, die Sie nicht hören, aber verstehen (französische Witze haben diese Eigenart), werden Sie übertönt und verdrängt von der Allgegenwärtigkeit ihrer weiß behandschuhten Hände, die sie wie wildgewordene Taubenflügel vor sich hochhält, und damit ihre Zustimmung ins Vergessen donnert. Denn das Modell vom Montparnasse ist überall, wo Sie sind und nicht sind. Das ist ihr Leben, und ihr Leben ist ihr ›Bekenntnis‹ – das einzige, das sie ablegen. Jedes andere wäre unnötig.

Und wenn Sie dann am Sonntag Ihre Schritte zur Kirche lenken – nicht weil Sie ein guter Christ, sondern weil Sie ein guter Tourist sind – und den Glocken von Notre Dame, von St. Sulpice, St. Germain oder Sacré Cœur folgen, treffen Sie sie wieder, wie sie gerade lange dünne Kerzen kauft, die sie für das Herz (rührenderweise nicht für die Seele) von petit Grace anzündet, der im Henri-Murger-Stil an langsamer Auszehrung starb und dessen Unsterblichkeit erhalten bleiben muß; und sie geht in die Knie, seufzt vor den Altären und spricht ihre Gebete mit kleinen jährlichen Abweichungen, denn niemand betet in diesem Jahr, wie man im letzten Jahr gebetet hat. Und sie neigt ihr Haupt.

Wieder zurück auf dem Boulevard, nippt Kiki an ihrem Likör, hält ihre kleine weiße Maus auf der Hand und lächelt ihr Mandarinlächeln. »Man hat mir mein Herz gebrochen? Keineswegs, das gehört nur mir allein. Was möchten Sie haben? – thé? Bon!«

November 1924

---

1. Bœuf sur le toît: Prominenter Avantgarde-Nachtclub, in dem alles, was Rang, Namen und optische Reize besaß, verkehrte, von Picasso bis Djuna Barnes.

## ALLA NAZIMOVA

◀ Alla Nazimova am Swimming-Pool ihrer Villa
in Hollywood, 1925


● The Great Nazimova‹, wie man sie in den USA nannte, war von 1906 bis zu ihrem Tod im Jahr 1945 eine der führenden Bühnen- und Filmschauspielerinnen Amerikas, die, was Talent und Ausstrahlung anbelangt, als Vorläuferin der Garbo gelten kann. Sie machte Theatergeschichte mit ihrer Gestaltung der großen Frauenfiguren Ibsens, spielte die Hedda Gabler und die Nora, die Hilde Wangel (Baumeister Solneß) und die Frau Alving (Gespenster) sowie die Ranjewskaja in Čechovs Kirschgarten.

1905 gastierte die 1879 in Odessa geborene Nazimova mit einer russischen Theatergruppe in den Vereinigten Staaten. Sie blieb im Lande, lernte in wenigen Monaten die Sprache und begeisterte hinfort das amerikanische Publikum mit ihren Glanzrollen.

1916 begann sie mit War Brides ihre Filmkarriere und drehte in den folgenden Jahren mehr als 20 Filme, darunter die Kameliendame (1921, mit Rudolpho Valentino als Partner), Nora oder ein Puppenheim (1922), Salomé (1923, wo sie auch die Regie übernahm), Das Lied von Bernadette (1943) und Die Brücke von San Luis Rey (1944). In den meisten dieser Filme – einige von ihr selbst produziert und von ihrem Mann inszeniert – spielte sie mit den hochstilisierten schauspielerischen Mitteln der Zeit die Rolle der exotischen, bestrickenden Verführerin.

In den Dreißiger Jahren kehrte die Nazimova zur Bühne zurück, trat in Ibsen-Stücken und in Turgenjews Ein Monat auf dem Lande auf. Zu diesem Zeitpunkt entstand das Barnes-Interview. Bei den Gespenstern führte sie auch selbst Regie. Der New Yorker Kritiker Brooks Atkinson schrieb dazu 1935: »›Groß‹ ist ein Wort, das sparsam verwendet werden sollte; es lähmt die Setzmaschinen gegen Mitternacht. Doch es gibt keine andere Möglichkeit, um die transzendente Interpretation einer tragischen Rolle in einem Stück zu charakterisieren, das jetzt nicht mehr unbedingt Gültigkeit hat.«

In einem Interview, das Alla Nazimova der Zeitschrift Theater Arts gab, sagt sie zur Schauspielkunst: »Der Schauspieler sollte eine Rolle nicht spielen. Wie die Äolsharfen, die gewöhnlich in die Bäume gehängt wurden, so daß allein die Brise sie spielte, so sollte der Schau-

spieler ein Instrument sein, das von der Figur, die er darstellt, bespielt wird ... Der Wind mußte nur durch die Bäume fächeln, dann spielte die Harfe ohne bewußte Anstrengung ... Die Brise, die den Schauspieler bewegt, muß, von der Figur her, sein Gehirn, seine Phantasie und seinen Körper durchwehen. Und dann muß der Schauspieler durch die bewußt eingesetzte Technik Schall und Wahn, Sinn und Unvernunft herbeischaffen, die die Darstellung abverlangt.«

In Kenneth Angers legendärem Buch Hollywood Babylon wird Alla Nazimova als »Hollywoods auffälligste, weibliche Importware zu jener Zeit« und als »Metros ›Frau der 1000 Stimmungen‹« bezeichnet, »deren Bohèmefeste auf ihrem berühmten Anwesen am Sunset Boulevard, ›Der Garten Allahs‹, beachtliche Kommentare provozierten«. Sie war der Scheidungsgrund für die Ehe von Charlie Chaplin und Mildred Harris (die sechzehnjährige Chaplin-Ehefrau zog Alla Nazimova als Liebhaberin vor), sowie die Ehestifterin für Rudolpho Valentino, der Frauen gegenüber allerdings eher zurückhaltend war und die Ehe mit Natacha Rambova nie vollzog.

Natacha Rambova entwarf die von Beardsley inspirierten Kostüme für Alla Nazimovas Eigenproduktion der Salomé, in der – so Anger – »die Nazimova sich als Star produzierte, nur homosexuelle Schauspieler beschäftigte als Hommage an Oscar Wilde und ihr letztes Hemd verlor«.

Alla Nazimova starb am 13. Juli 1945 in Hollywood.

# ALLA NAZIMOVA

Wann war das noch, daß ich Alla Nazimova das erstemal sah? Worin spielte sie da? Bestimmt in keinem der Ibsen-Stücke, die sie berühmt machte, sondern in einer dieser gefühlvollen Angelegenheiten, die die Voraussicht dem Morgen überlassen. Sie trug an die zehn Meter jenes schmiegsamen Stoffes, der, wenn er um die Hüften enggearbeitet ist, bedeutet, daß eine Frau hingebungsvoll an der seelischen Zerstörung arbeitet. Sie lehnte gegen einhundert Kissen, von nur einer Vorstellung erfüllt, und tändelte mit einer Pistole, die nur ein Ziel kannte – das Herz des Helden. Ihre Manager hatten ihr untersagt, noch irgendeine weitere ihrer ungezählten Fähigkeiten zur Schau zu stellen, damit ihre gleichermaßen glänzende Fähigkeit, ›gefährlich‹ und unberechenbar zu wirken, nur recht hervorträte, jenes Äußere, das in der landläufigen Auffassung unabdingbar mit einer tüchtigen Abenteuerin verbunden ist. Und das alles deshalb, weil diese Frau – geboren in Jalta, Krim, Rußland, und in den Alpen aufgewachsen – herrliche Augen hatte, geschwungene Nasenflügel und eine dazu passende Oberlippe, deren Gefährlichkeit durch eine untere noch verdoppelt wurde, die in ihrem mittleren Teil einen kurzen Zoll lang so gradlinig verlief wie das Trachten eines Puritaners, der um Regen betet.

Für die Nazimova ist die Erinnerung an diese Stücke eine Neurose, deren Wurzel Pein und Elend sind, weil sie sie dazu zwangen, ihre bedeutenden Talente an ein Publikum zu verfüttern, das auf nichts weiter Appetit hatte als auf den herkömmlichen Bühnenvamp. Sie nahm ihre Züchtigung ohne Humor hin, weil sie im Herzen ein Kind ist, das über ihre Erwachsenenkindheit nachdenkt. Sonst wäre sie nämlich gewappnet mit deren ganzem Gegenteil, würde sie unzugänglich werden durch eine überwundene Ungerechtigkeit, hätte sie in den Händen eines derart pittoresken Verrats ein bißchen Witz angenommen.

◂ Alla Nazimova mit Rudolpho Valentino
in »Die Kameliendame«

Ihr ›Schicksal‹ hat nie irgendetwas Vernünftiges an sich gehabt; ein Blick zurück zeigt eine kometenhafte Veranlagung, mit der fast niemand Schritt halten konnte. Alla Nazimova wurde in Rußland geboren und in Zürich erzogen. Sie studierte Geige in Odessa, und als sie das Instrument ›zu schwierig‹ fand, ging sie an Stanislawskis Schauspielschule in Moskau. Sie spielte sich durch die Provinzen, ging auf Tournee mit ›einmaligen Gastspielen‹, tingelte über alles, was irgendwie Bühne hieß. Kleine Rollen, vielfältige Rollen. Sie wurde bemerkt, vergessen, abermals bemerkt. Sie wurde Hauptdarstellerin einer Truppe in St. Petersburg und schloß sich wenig später Pavel Orlenev an, mit dem sie nach Berlin, London und schließlich nach New York kam, in so ein schäbiges Haus auf der East Side. Sensation! Rauschhafte Begeisterung! New York trat die Reise durch die Gerüche zur Bowery an, um über dies wundersame Paar zu staunen – diese beiden Russen, deren Sprache niemand verstand, deren Kunst jedoch alle zutiefst berührte und blendete! Und einer von beiden war dabei auch noch anonym – denn der Name der Nazimova stand nicht einmal auf dem Programm!

Dann, fast ebenso rasch, wie er aufgetaucht war, wurde dieser Komet von seiner eigenen Glut verzehrt. Zwischen Orlenev und der Nazimova entstand eine rasende berufliche Eifersucht, die um so erbitterter war, als sie beide viel voneinander hielten. Das Ensemble zerschellte. Orlenev entkam seinen Gläubigern durch die Flucht nach Rußland. Die Nazimova war in einem fremden Land gestrandet.

War es das echte Feuer der Kunst gewesen oder nur ein Aufblitzen der Bühnenbeleuchtung? New York sollte bald dahinterkommen. Die Messrs. Shubert boten dieser exotischen Schauspielerin über einen Dolmetscher einen Vertrag an. Binnen sechs Monaten hatte sie Englisch gelernt und trat am Broadway als Hedda auf, und ihre neuerworbene Sprache war präzis, doch leicht gehemmt vom sanften Widerstreben einer fremden Zunge.

Sie war nicht länger die ungewöhnliche Unbekannte. Sie wurde diskutiert und gefeiert. Ihre Matinee-Reihen wichen regelmäßigen Abendauftritten am Princess. Eine nach der anderen wurden Ibsens Frauen vor den Augen der staunenden Tausende lebendig. Hedda, Nora und später Hilda Wangel und Helene Alving, äußerst verschiedene Gestalten und eine jede ein universaler, unvergeßlicher Typ.

Dann kam der Sturz. Die Nazimova hatte eine Spur jener göttlichen Leichtgläubigkeit, die allen gemein ist, die der Bühne verfallen sind. Man erteilte ihr schlechte Ratschläge, und sie hörte auf sie. Ihre Kunstfertigkeit war so ungeheuer flexibel und überzeugend, daß sie einen gemeinen Vamp im Melodrama einen Augenblick lang als eine Schöpfung von der Bedeutung Heddas erscheinen lassen konnte. Und das große Publikum wollte am liebsten Vamps – oder jedenfalls war das die herrschende Ansicht.

Also begann sie, nachdem sie sich durch ein anmutiges Nichts namens *Comtesse Coquette* getändelt hatte, in jener Serie von Lust-und-Rache-Dramen zu spielen, die ihr nationenweiten Ruhm – und Kummer einbrachten. *Comet, The Passion Flower, Bella Donna, The Marionettes, That Sort* – klägliche Stücke, die ihre glänzende Begabung jedoch eher beschmutzten als ihren Glanz minderten. Sie machte Unsummen von Geld, sie war das Hätschelkind jeder Teegesellschaft, sie wurde gefeiert und beweint, mit Komplimenten überhäuft und geküßt! Man kann sie sich bis in die letzte Faser danach sehnen sehen, Rollen zu spielen, die nach schrillen Tönen und einem Minimum an Schauspielkunst verlangten. (Sie besitzt genügend Intelligenz, um zu wissen, daß die Welt in aller Stille gemacht wurde und ebenso still die strengere Hälfte ihres Antlitzes präsentiert.) Man kann sehen, daß sie derlei Dinge einzuschätzen weiß, derlei Dinge, wie sie sie einst in Ibsen-Stücken porträtiert hat. Und doch, wie man schon manche um weniger als Höllenzwänge und -beweggründe im langsamen, betäubten Schlaf jener hat wandeln sehen, die in die Hölle verbannt sind, so wandelte sie fort auf einem immer enger werdenden Pfad des Abscheus. Bis, mit boshaftem Grinsen, der Teufel sie bei den Hacken packte und mit *War Brides* ins Palace schleuderte und hinein in *'Ception Shoals*. Für eine kurze Spielzeit verschnaufte sie und wankte zurück zu Ibsen. Und dann neigte der Teufel, ganz der Gentleman, der er ist, sich zu ihr und zog sie sanft nach Hollywood und in die Katastrophe hinein.

B. A. Rolfe von der Metro nahm sie für eine Riesensumme unter Vertrag, und was er wollte, daß sie spielen sollte, das spielte sie auch. Als sie den Vertrag unterschrieb, war ihr bange; denn schon einmal, als sie unter Vertrag stand, hatte man nach ihr gepfiffen, weil sie die Jungfrau von Orléans spielen sollte. Theresa Helburn hatte das Pfeifen besorgt, und die Nazimova war nicht imstande gewesen, ihm Folge zu leisten. Was mochte jetzt nicht passieren, wenn sie den Vertrag mit der Filmfirma unterschrieb? Beförderte und begünstigte sie, indem sie zu leben versuchte, jene düstere Eigenschaft, von der sie immer schon beschlichen worden war? Sie unterschrieb.

Über die Hollywood-Parenthese gibt es Geschichten, die zu unglaublich klingen, um wahr zu sein. Die Nazimova hätte niemals jene ausfernd elementaren und leidenschaftlichen Vamps spielen können, wenn sie nicht eine sehr schlichte Frau mit einem sehr arglosen Herzen gewesen wäre. Jemand schwatzte ihr ihr Geld ab – jedenfalls das meiste. Was übrig blieb, steckte sie in eine Produktion von Wildes *Salomé*, mit einer von Natacha Rambova entworfenen Ausstattung – und bewies ungeachtet ihrer Freunde, die sagten, Hollywood habe sie verdorben, daß sie sich das Haupt ihres Jochanaan mit einer ebenso authentischen Auffassung von fehlerhaftem Betragen aneignen konnte, wie man es üblicherweise zu sehen bekam, seit jener Vorgang Gemeingut geworden war.

Und dann trat Stille ein.

## ALLA NAZIMOVA

Was Alla Nazimova als einer Frau, einer Schauspielerin, einem denkenden Menschen widerfuhr, die ihre Selbstgewißheit zu lange und dabei zu wenig gewürdigt gesehen hatte, ist Stoff für die Biografie. Falls sie jemals zornig genug sein sollte, werden wir davon erfahren. Doch trotz ihres Ruhms als ›Tigerin‹, als ›Rächerin aus Leidenschaft‹, sie ist schlicht und still und klein.

Eine Spielzeit lang war sie beim Civic Repertory. Jetzt ist sie wieder bei Leuten ihres Schlages, bei Turgenjew, bei der Theatre Guild.

Als ich sie, nach einer Abendvorstellung von *Ein Monat auf dem Lande*, interviewte, machte ich meine Entdeckung. In meinen Augen war sie durch und durch und schlichtweg großartig gewesen, auf eine der vielen möglichen Weisen von Großartigkeit. Für mich war meine Erinnerung an sie der Punkt gewesen, woran ich romantische Vorstellungen geknüpft hatte – für sie der Punkt, wo sie in den Abgrund geworfen worden war.

»Ich wollte nachdenkliche Dinge tun, subtile Dinge, solche, die nur angedeutet werden. Wenn irgendetwas sehr groß ist, dann ist es doch so beschaffen, nicht? Wenn die Liebe sehr groß ist, dann wird sie vielleicht geflüstert, wenn jemand etwas furchtbar gern haben möchte, dann reicht eine Regung der Hand. Wenn man stumm ist vor Entsetzen, dann schreit und kreischt man doch nicht; man sagt: ›Da‹, und es ist kaum zu hören. So habe ich spielen wollen. Man scheitert, wenn man aufgefordert wird, weniger zu geben, als man zu geben hat, auch wenn das Publikum das für einen Erfolg halten mag.

Nein, Ibsen will ich jetzt nicht spielen. Ich möchte ein paar Stücke spielen, die Amerika kaum kennt, mehr Turgenjew vielleicht. Was wissen die Amerikaner denn wirklich von ihm? Und da sind noch andere. Jeder kann ein *Red Lantern*, eine *Madame Peacock*, ein *Eye for Eye* spielen, weil es anderen etwas bedeutet. Mir bedeutet es nichts. Ich fühle mich wie die Frau in *Makropoulos Secret*[1], die tausend Leben

Als »Salomé«

gelebt hatte und immer noch jung war. Weise in der Jugend!«

Sie verstummte. Sie blickte auf ihren Schminktisch nieder und auf all die Dinge, die darauf standen; dann wiederholte sie, ohne den Kopf zu heben: »Weise in der Jugend! Ich bin nie unbeschwert gewesen von zuviel Selbsterkenntnis. Ich halte das für einen Mangel. Man nennt das einen Minderwertigkeitskomplex, nicht wahr?« Ihr Ton war forschend, und sie lachte mit den Augen, während der Mund noch bekümmert war.

»Doch, das ist ganz falsch. Immerhin habe ich wenigstens den Trost, das Vergnügen, in Stellvertretern zu leben. Das Leben anderer macht mich glücklich. Ich bin entzückt von ihren Liebesbeziehungen, ich, die ich nie gewußt habe, was es heißt, verliebt zu sein.« (Was für eine prächtige Lüge war das nicht, was für ein dreister Versuch zu sagen: ›Was Sie hier anschauen, ist nicht mein wahres Gesicht!‹) »Ich bin sehr kontakfreudig geworden – oh, ja, ungeheuer kontaktfreudig. Ich liebe die Pläne anderer Leute, ich spiele Klavier, und ich zeichne Häuser. Ich verbringe eine Menge Zeit mit dem Zeichnen von Häusern. Ich habe in Kalifornien ein paar gebaut, wissen Sie – aber, ach, die waren so häßlich anzusehen und so schrecklich praktisch!«

Wieder lächelte sie. Plötzlich kam ich mir sehr groß und unbeholfen vor. Sie ist so klein. Ich beugte mich hinab und sagte: »Jetzt kommt eine dieser stummen Fragen, Alla Nazimova. Wann war das, als Sie sich vor dem fürchteten, was Sie sind?«

Sie zuckte zusammen; sie wandte sich halb ab.

»Oh«, sagte sie – und ich schwöre, sie legte die Hände zusammen wie ein Kind – »das war an dem Abend, als ich zum ersten Mal meinen Namen in Leuchtbuchstaben sah. Ich ging in mein Hotelzimmer hinauf, ganz oben unter dem Dach, öffnete das Fenster und lehnte mich, auf die Arme gestützt, hinaus, und ich hatte Angst, schreckliche Angst. Damals. Da war das!«

Juni 1930

1. Anspielung auf die Oper *Die Sache Makropoulos* von Leŏs Janáček, nach einer literarischen Vorlage von Karel Čapek. Deutsche Erstaufführung in Frankfurt am Main 1929. In dieser Oper ist die Sängerin Emilia ›in Wahrheit‹ 300 Jahre alt.

◀ Coco Chanel, etwa 1935

● Die Modeschöpferin Gabrielle Chanel wurde 1883 als zweite Tochter Jeanne Devolles und Albert Chanels in Saumur, Frankreich, geboren. Ihre Eltern blieben nach Gabrielles Geburt noch ein Jahr unverheiratet, und die nächsten elf Jahre hatte ihre Mutter Schlimmes durchzumachen, denn ihr Mann prügelte sie und mißbrauchte sie bis zu ihrem Tod im Jahr 1895.

Ein paar Jahre später wurde Gabrielle in ein Waisenhaus geschickt, wo sie blieb, bis sie siebzehn war und in ein Kloster in Moulins aufgenommen wurde. Mit zwanzig verließ sie das Kloster, um Verkäuferin bei einem Händler von ›trousseaux et layettes‹ zu werden, doch sie wurde dieser Stelle bald überdrüssig, und im Jahr 1903 fing sie an, in den Cafés des Ortes aufzutreten. Die Unschuld einer Klosterschülerin verband sich mit ihrer reif klingenden, rauhen Stimme – die ein bißchen an die Yvette Guilberts erinnerte – und trug ihr einen Jahresvertrag beim La Rotonde ein. Sie begann ihren allabendlichen Auftritt mit einer Strophe von Ko Ko Ri Ko, des populären Liedes jener Tage, und beschloß ihre Pflichtprogramm mit Wer hat Coco im Trocadero gesehen? Dies Lied wurde rasch zum Markenzeichen Gabrielles, und ihr Publikum gewöhnte sich an, »Coco! Coco!« zu rufen, wenn es eine Zugabe wollte.

Als Geliebte von Etienne Balsan zog Coco 1906 auf dessen Landsitz in Royallieu. Balsan war ein anerkannt guter Reiter, und Gabrielle – die Pferde von Jugend an geliebt hatte – war entschlossen, eine Reiterin zu werden. Doch die Frauenmode der Zeit – lange Röcke, hohe Hüte und enge Schuhe – erwies sich als Hemmnis bei ihren Freiluftaktivitäten. Coco Chanel beauftragte einen Schneider in der Nähe, ihr ein Paar Reithosen zu machen, die denen des englischen Reitknechts nachempfunden waren. Mit dieser Hose und anderen Kleidungsstücken, die sie selbst entwarf oder sich von ihrem Liebhaber lieh, sorgte Coco Chanel in Balsans Bekanntenkreis für eine kleine Sensation, und diese Art von Aufmachung samt ihren ungewöhnlichen Hüten begann bald, die Aufmerksamkeit der Massen auf den Polo- und Rennplätzen zu erregen, die sie und Balsan häufig besuchten. Gegen Ende des Jahres 1908 hatte die Chanel, der Royallieu langweilig geworden war, eine Wohnung in Paris genommen, von der aus sie ihre Hüte und wenig später auch andere Kleidungsstücke zu verkaufen begann.

Schon 1910 wurde ihre kleine Wohnung für ihre wachsenden geschäftlichen Aktivitäten zu eng, und mit Hilfe ihres neuen Liebhabers Arthur ›Boy‹ Chapel zog Coco Chanel in die Rue Cambon, deren Name mit ihrem für mehr als ein halbes Jahrhundert verbunden blieb.

Der Stil, den sie während der nächsten Jahrzehnte entwickelte – strenger geschnittene und feschere Kleider, als die Frauen sie jahrhundertelang getragen hatten – trug dazu bei, daß die Mode eine andere Richtung nahm und machte die scharfzüngige Coco Chanel zum Schrei der französischen Gesellschaft. Sie wurde die Vertraute und/oder Geliebte von Schriftstellern und Künstlern wie Jean Cocteau, Paul Morand und Salvador Dalí, von Großfürst Dimitri von Rußland (der mitverantwortlich war für den Tod Rasputins), des Herzogs von Westminster und des Künstlers Paul Iribe, der auf dem Tennisplatz ihrer Villa starb.

Im Jahr 1931, als das Interview mit Djuna Barnes stattfand, war Coco Chanel mit Pierre Reverdy liiert und traf ihn regelmäßig an Künstlertreffpunkten, die gerade in Mode waren, wie das Dôme und Jimmy's am Montparnasse. Als sie sich die Begegnung von 1931 wieder ins Gedächtnis rief, eröffnete Djuna Barnes Douglas Messerli 1973, sie habe ein neuentworfenes Kleid von der Chanel geschenkt bekommen, »doch ich habe es irgendeiner französischen Nutte gegeben«, gestand sie mit boshafter Freude.

Im Jahre 1940 nahm das Haus Chanel – weltweit berühmt für seine Kleider und seine Parfüms – fünf Häuser in der Rue Cambon ein. Als die Deutschen im Juni jenes Jahres in Paris einmarschierten, schloß Coco Chanel ihre Geschäftsräume. »Ich habe während des Krieges zu arbeiten aufgehört«, erklärte sie Marcel Haedrick gegenüber, »alle in meinem Haus hatten irgend jemanden in Uniform... Das Haus Chanel war leer zwei Stunden, nachdem der Krieg erklärt worden war.«

Nach dem Krieg kehrte Coco Chanel ins Modegeschäft zurück und beeinflußte den Stil der 50er und 60er Jahre. Coco Chanel starb 1971 in Paris.

**D**ie Figur ist wichtiger als das Gesicht, und wichtiger als die Figur sind die Mittel, mit denen man sie sich erhält. Wichtiger als alle drei ist die Lebensfreude aufgrund der eigenen Konstitution, und die läßt sich nur durch gute Gesundheit bewahren. Finde heraus, was du gern tust, und dann tu's. Wenn du sagst, du kannst nicht, dann ist das einfach nur das Eingeständnis, daß du deinen eigenen Körper nicht soweit in Schuß hast, daß er die Rolle spielen kann, die du dir für ihn wünschst. Man lebt ja nur einmal, und da kann man ebensogut auch amüsant sein. Wenn man nicht amüsant ist, dann liegt das daran, daß man krank ist, und kranke Menschen betragen sich unhöflich gegen die Natur.«

Gabrielle Chanel, die plus grande couturière von Paris mit einem Einkommen von mehreren Millionen, die 2400 Menschen in ihren Ateliers beschäftigt, ja praktisch Besitzerin der Rue Cambon ist, wo ihre Kreationen vorgestellt werden, Herrin etlicher Häuser in Europa – und die die Hand des unermeßlich reichen Herzogs von Westminster ausgeschlagen hat und die Hälfte der großen Namen der Welt zu ihren Freunden zählt, aus bescheidenen ländlichen Verhältnissen in der Auvergne stammend, Gabrielle Chanel, der die Frauen zu Füßen liegen, die gutgekleidet sein wollen – diese Gabrielle Chanel liebt die Einsamkeit, die frische Luft, das Landleben, Sportkleidung, Hunde, Angeln, das Frühaufstehen und das Frühzubettgehen, Geräkel und harte Arbeit, insbesondere harte Arbeit.

Sie ist weltberühmt für zweierlei, Parfüm und strenggeschnittene Kostüme – mit anderen Worten, für die Höhe, auf die sie die Verfeinerung des Geruchssinns getrieben und für die Tiefe, aus der heraus sie die geradezu bescheidene Strenge der schicken, schrecklich schicken, Kreationen entwickelt hat. (Die Bauersfrau und die Halbseidene, blitzblank gewaschen und mit einer Schere von Engelshand zurechtgeschnitten, aus dem Zeug scheinen ihre Angebote etwa gemacht.)

◂ Coco Chanel, 1929

Coco Chanel tritt auf als die Verkörperung ihrer eigenen Herkunft, der Erde, und der Erde dankbar verbunden.

Ihre Philosophie ist die Ursache für ihren Erfolg und ihren Ruhm. Sie glaubt an die Natürlichkeit, und wenn sie das Wort ›natürlich‹ benutzt, dann benutzt sie es nicht in dem Sinne, wie das üblicherweise geschieht – als Bezeichnung für häßliche, ungehobelte, ungekonnte Dinge. Für sie ist das etwas Natürliches, das am vollständigsten und in sich stimmigsten ist. Wenn jemand erklärt, seine Weise, natürlich zu sein, bestehe darin, bis zum Morgengrauen aufzubleiben, zu trinken, was das Zeug hält, sich auffällig anzuziehen und sich beim Essen ordentlich vollzustopfen, dann wird sie sagen: »Na schön – doch was haben Sie bloß für eine *schlechte* Natur!«

Wie alle Französinnen ist Coco Chanel vernünftig mit diesem Grad von Vernünftigkeit, die wir Bewohner der westlichen Welt als eine Art unheiliges Wohlbehagen im Angesicht der Wunder der Natur betrachten. Selbstverständlich! Coco Chanel ist ja eines der Wunder, gerade deshalb, weil sie natürlich ist. Wir sind selten natürlich, weil wir ungläubig sind. Wir haben Angst vor der Natur, und daher kommt es, behauptet sie, daß wir unsere Übungen als Medizin und nicht als Spiel auffassen.

»Ich bevorzuge an einer Frau charmante Umgangsformen, eine charmante Art zu reden, eine charmante Haltung, eine charmante Art zu tanzen gegenüber der bloß klassischen Schönheit. Klassische Schönheit kann sehr stupide sein, wenn man sich außerhalb des Museums befindet. Ein hübsches Gesicht kann der inneren Verfassung sehr unangemessen sein. Ich mag ein Gesicht, das irgendetwas sagt, das schlicht und zutreffend Auskunft über die Persönlichkeit gibt. Natürlich, wenn man das alles sein kann und gleichzeitig auch noch schön, dann ist man die Zielscheibe göttlicher Freigebigkeit gewesen.

Beobachten Sie doch«, sagt sie, »wie die Frau, die alle Blicke auf sich zieht, einen Raum betritt. Wie sie geht, wie sie sich setzt, welche Gesten sie beim Gespräch verwendet. Sie mag nach klassischen Maßstäben schlicht häßlich sein, trotzdem ist an ihrer Figur, ihrer Haltung, an ihren Gesten irgendetwas dran, das Stil hat und ansehnlich ist, weil sie eben kein schmückendes Beiwerk sind, sondern zu ihrem Wesen gehören.

Weshalb ist sie unter fünfzig, hundert anderen die Attraktivste, ob sie nun groß oder klein, dunkelhaarig oder blond, sportlich oder feminin ist? Weil sie weiß, *wie* sie gehen möchte, *warum* sie sich hinsetzen will und *worauf* sich ihre Gesten beziehen. Sie ist sie selbst.

Sie ist mit ihrem Gang auf keine ›Mode‹ angewiesen wie etwa den einst beliebten latschigen Gang der Debütantinnen, den ich für äußerst unschön hielt, weil er das war, was ich einen ›Markengang‹ nenne – jede Frau ging wie die andere. Man bewahre sich seine Eigenständigkeit, selbst in Belangen der Mode. Eine Frau sollte keine Gliederpuppe sein, was dann der Fall ist, wenn sie der Mode allzu sklavisch und ohne Geschmacksvorlieben folgt.

Wenn eine Frau sich ihre Figur erhalten will, dann muß sie sich beschäftigen, arbeiten können. Dann ist sie glücklich, weniger befangen, und dieser Zustand wird sich in ihrer Figur widerspiegeln. Männer mögen tüchtige Frauen. Sie ist frei von der Angst, die sie empfand, als sie wirtschaftlich abhängig war, und folglich besitzt sie auch mehr echte Schönheit.

Man soll arbeiten, dann spielen, sich entspannen, schwimmen, angeln, eine Runde Golf oder Tennis spielen, ins Freie gehen und sich an Luft und Sonne freuen. Und hier möchte ich unterscheiden zwischen Gymnastikübungen und Sport. Gymnastik ist kein Ersatz für Sport. Solche Übungen sind sehr gut, wenn man weder Zeit noch Lust zu etwas anderem hat, doch ich stehe auf dem Standpunkt, daß straffe Gymnastikübungen sich zu den natürlichen Sportarten – wie Schwimmen, Wandern, Reiten – verhalten wie Lebensmittelkonserven zu frischen Erzeugnissen aus dem Garten. Wenn man seinem Körper nichts Besseres bieten kann, dann sind Konditionsübungen brauchbar, wenn man aber eine bezaubernde Figur und Geschmeidigkeit bekommen und auf Dauer behalten will, dann muß man Freude an der Bewegung im Freien, an frischer Luft, an Sport haben.

Was ist denn eigentlich eine schlechte Figur? Das ist eine Figur, die bis in die einzelnen Glieder hinein ängstlich ist. Eine solche Ängstlichkeit in der Haltung kommt daher, daß man seinem Körper nicht gegeben hat, was ihm zusteht. Ein Mädchen, das sich schämt, weil es seine Schulaufgaben nicht gemacht hat, hat denselben Ausdruck wie der Körper einer Frau, die nicht gelernt hat, was Natur ist.

Man kann nicht gleichzeitig zwei Schicksale haben, das des Narren und Maßlosen und das des Weisen und Maßvollen. Man kann kein Nachtleben durchhalten und tagsüber noch etwas zuwege bringen. Man kann sich nicht Nahrungsmittel und alkoholische Getränke genehmigen, die den Körper zerstören, und immer noch hoffen, daß man einen Körper hat, der mit einem Minimum an Selbstzerstörung funktioniert. Eine Kerze, die an beiden Enden brennt, mag zwar helleres Licht verbreiten, doch die Dunkelheit, die dann folgt, währt länger.

Was nun die Frage angeht, welcher Diät man folgen soll, um sich seine vollkommene Figur zu erhalten, so kann ich nur wiederholen, was ich über alle anderen Lebensfunktionen gesagt habe – mäßig sein, einfach sein, redlich sein. Ein redlicher Appetit wird auch einfach sein, und ein einfacher Appetit bescheiden. Weniger essen, als man Lust zu haben meint, mit der Intelligenz essen, nicht mit dem Magen. Niemals vom Tisch aufstehen und sich insgeheim dafür entschuldigen müssen, daß man ein Vielfraß ist; das ist eine Beleidigung für die Tafel.

Gut schlafen, sieben bis acht Stunden, wenn man es braucht; bei geöffneten Fenstern schlafen. Früh aufstehen, hart arbeiten, sehr hart. Das tut einem nicht weh, denn es

sorgt für einen regen Geist, und der Geist wiederum sorgt für die Anteilnahme des Körpers. Das klingt komisch, doch wenn Sie darüber nachdenken, werden Sie feststellen, daß es gar nicht komisch ist. Nicht bis spätnachts aufbleiben. Schließlich, was ist denn an dem sogenannten gesellschaftlichen Leben dermaßen Wertvolles dran, daß Sie die Kissen verschmähen, um bis zum frühen Morgen daran teilhaben zu können? Schlechte Luft, schlechtes Essen, schlechte Getränke, häßliche Umgebung, die das Herz nicht erfreuen, dumme Menschen, die Nacht für Nacht dieselben endlosen histoires wiederholen – die histoires solcher Leben, die nur gelebt worden sind, um erzählt werden zu können und aus diesem Grund der Erzählung nicht wert sind. Schonen Sie sich um Ihrer selbst willen. Schonen Sie Ihre Ohren, schonen Sie Ihre Augen, schonen Sie Ihre Gedanken, schonen Sie Ihre Nerven. Was haben Sie denn nach Mitternacht schon gehört, das Sie für wertvoller halten als Ihren Nachtschlaf? Es ist doch nur das, was Sie sowieso schon gehört haben, und zwar hundertmal, und das, was Sie morgen wieder hören werden, es sei denn, Sie hören auf mit diesem Unfug.

Mich persönlich amüsiert nach zwölf Uhr überhaupt nichts mehr!«

September 1931

## ZU DIESER AUSGABE

## ZU DIESER AUSGABE

Djuna Barnes, 1921

Djuna Barnes, geboren 1892 in Cornwall-on-Hudson im Staat New York und dort aufgewachsen, hatte bis zu ihrem sechzehnten Lebensjahr keine Schulbildung. Mit zwanzig geht sie nach New York, zuerst in die Bronx, dann nach Greenwich Village, und beginnt sofort mit kleineren journalistischen Arbeiten für Tageszeitungen und kleine Magazine: Reportagen, Interviews, Zeichnungen.

Sie konnte also durch eigene Erfahrung und Anschauung den weiten und schwierigen Weg abschätzen zwischen Provinz und Großstadt, zwischen Ausbildung und Beruf, und, insbesondere, die Höhe der Hürde, die der Selbständigkeit einer Frau vorgegeben war. Eine Reporterin – das war damals immer noch etwas außerordentlich Seltenes, und das spürt man auch noch aus manchen Reaktionen der interviewten Frauen, die es offensichtlich gewohnt waren, von Männern interviewt zu werden.

Dies waren auch die beiden Gründe für die Zusammenstellung dieser acht wichtigen Interviews der großen Erneuerin der amerikanischen Literatur: Wie anders werden Frauen von einer Frau befragt? Und: Wie war zu Beginn unseres Jahrhunderts Emanzipation möglich, wie erging es den ersten ›Suffragetten‹, welche Berufe standen ihnen überhaupt offen?

Daneben portraitieren diese Portraits natürlich auch ihre Autorin, zum Teil lange, bevor sie ›Autorin‹ wurde; das erste Beispiel unserer (chronologisch geordneten) Auswahl stammt aus dem Jahr 1913, ein Jahrzehnt vor der Niederschrift der ersten wichtigeren literarischen Texte,

## ZU DIESER AUSGABE

Erzählungen über ›displaced persons‹, als Djuna Barnes (mit vielen anderen ›expatriates‹ aus den USA) in Paris lebte.

Die Interviews zeigen, wie sehr schon die Journalistin Djuna Barnes sich für Abweichungen vom üblichen bürgerlichen Lebensplan interessierte. Bereits als Einundzwanzigjährige fragt sie die Interviewten nach einigen »hochsinnigen Lebenskonzepten«, ein Jahr später nach einigen »vehementen Ansichten«. Und auch später noch, immer wieder: »Was wollten Sie als Kind werden?«, »Kommen Sie mit wirklichen Schwierigkeiten zurecht?«,

Djuna Barnes, etwa 1935

oder »Wann war das, als Sie sich fürchteten vor dem, was Sie sind?«

Sie fragt also etwa nicht, wie eine der Interviewten erleichtert feststellt, danach, »wie ich mir mein gutes Aussehen erhalte«, sondern sie stellt Fragen jenseits der Fakten, so wie sie sich auch freiwillig einer Zwangsernährung unterwirft, um zu erfahren, wie es den englischen Frauen ergeht, die einen Hungerstreik organisierten. Deswegen notiert sie sich auch während des Interviews wenig (wie in einem der hier abgedruckten Interviews nachzulesen), denn »mein Gedächtnis macht aus jeder Notiz einen Absatz«. Was interessiert, ist das »andere Leben«, Emanzipation als displacing, als ein Stück Fremde in einer anders geordneten Welt.

In diese Sicht soll die vorliegende Sammlung (ausgewählt aus den beiden Bänden »Portraits« und »New York«, unter Hinzufügung zahlreicher Bilder) einführen.

K.W.

# DJUNA BARNES

### Paprika Johnson und andere Stories

Elf meisterhafte Stories der großen amerikanischen Autorin. Geschichten, in denen die Masken des Alltäglichen mit denen der Leute zusammenstoßen; in denen Menschen einander treffen, die nicht ihre Kontaktarmut, sondern ihre Individualität voneinander trennt; in denen mit gebührender Ironie die »Welt der Männer« traktiert wird, jener Leute, »die die Stiefel abgestreift haben, um sich in den Korridoren des Geistes zu ergehen«.
*Wagenbachs Taschenbücherei 173. 128 Seiten.*

### Die Nacht in den Wäldern   Short Stories

»Hier schreibt eine nüchterne und dandyhafte, ungezügelte und scharfzüngige Literatin von ausgeprägter Eigenart – das macht diese frühen Erzählungen so lesenswert.«
FRANKFURTER ALLGEMEINE ZEITUNG
*Quartheft 133. 160 Seiten.*

### Saturnalien

Männer schneiden in diesen Erzählungen durchweg zu ihrem Nachteil ab. Djuna Barnes' vergiftete Sittenbilder beziehen ihre mit spöttischer Bosheit unterlegte Spannung aus einer Umkehrung des sogenannten Ungleichgewichts der Geschlechter: Es sind meist mehrere eingebildete oder tatsächliche Liebhaber, die sich um Frauen bemühen, die ihnen ein Rätsel bleiben.
*Quartheft 157. 112 Seiten.*

### Leidenschaft

Die berühmten Erzählungen der amerikanischen Schriftstellerin in neuer Übersetzung: Porträts von Menschen, die nicht die allgemeine Kontaktunfähigkeit, sondern ihre Individualität voneinander trennt.
*Quartheft 147. 128 Seiten.*

# DJUNA BARNES

### New York
#### Geschichten und Reportagen aus einer Metropole
Wer das heutige New York kennenlernen will, wird es nicht verstehen ohne den Glamour und die Tragik, die Djuna Barnes in ihren Reportagen und Geschichten für große New Yorker Zeitungen eingefangen hat.
Englische Broschur. 192 Seiten mit Fotos, Zeichnungen und einem Stadtplan.

### Paris, Joyce, Paris
Dieser Band enthält zwei bisher unbekannte Texte von Djuna Barnes über Paris und ihr berühmtes Portrait von James Joyce.
SALTO. Rotes Leinen. 96 Seiten mit vielen Fotos.

Aus dem Amerikanischen von Karin Kersten

### KYRA STROMBERG
#### Djuna Barnes
#### Leben und Werk einer Extravaganten
In ihrer ›biographischen Annäherung‹ ist es Kyra Stromberg gelungen, Djuna Barnes sowohl aus ihrer Zeit wie auch aus ihren großen Werken nachzuzeichnen.
»Wenn uns jemand die Frage stellen würde: ›Kennen Sie Djuna Barnes?‹, wir könnten bedenkenlos auf das vorliegende Buch verweisen.«
SÜDDEUTSCHE ZEITUNG
Englische Broschur. 168 Seiten mit zahlreichen Fotos.

Wenn Sie mehr über unsere Bücher wissen wollen, schreiben Sie uns eine Postkarte – wir schicken Ihnen gern unseren jährlichen Verlagsalmanach
ZWIEBEL:
**Verlag Klaus Wagenbach, Ahornstraße 4, 1000 Berlin 30**

**Solange es Frauen gibt, wie sollte da etwas vor die Hunde gehen?**
erschien als 28. SALTO im August 1991

13.–18. Tausend im Mai 1992
© 1987 für »Siebzig geschulte Frauenrechtlerinnen auf die Stadt losgelassen« Sun & Moon Press, Los Angeles, sowie The Authors League Fund, New York, und The Historical Churches Preservation Trust, London. © 1987, 1991 für die deutsche Übersetzung: Verlag Klaus Wagenbach.
Für die restlichen Texte © 1985 Sun & Moon Press, für die deutsche Übersetzung © 1985, 1991 Verlag Klaus Wagenbach, Ahornstraße 4, 1000 Berlin 30.

Gesetzt aus der Korpus Joanna und Gill Sans von Nagel Fototype, Berlin. Lithographien durch die Reprowerkstatt Peter Rink, Berlin. Gedruckt und gebunden von Clausen & Bosse, Leck. Leinen von Hubert Herzog, Dornstadt.
Ausstattung Rainer Groothuis.
Printed in Germany. Alle Rechte vorbehalten.
ISBN 3 8031 1127 7

Vorsätze und Seite 47, 54, 66, 67: Archiv Roger Viollet, Paris.
Seite 2/3, 43, 56, 71: Stiftung Deutsche Kinemathek, Berlin.
Seite 8, 69, 77, 84, 88: Ullstein Bilderdienst, Berlin.
Seite 33: Bildarchiv Engelmeier, München. Seite 48: Archiv für Kunst und Geschichte, Berlin. Einband, Seite 60, 63, 64, 81: Man Ray. Seite 72: Sammlung Kenneth Anger.